良心が健康をつくる

本山博
Hiroshi Motoyama

宗教心理出版

序

現代は、個人の確立と、人間が身・心・霊よりなる存在であることの自覚と、それに基づく実生活の確立が最も大切である。

現代の世相を見ると、工業技術の発達によって、人びとは物質的豊かさを十分に享受しているように見える。五十～六十年前の戦争時代、戦後の、物も食糧も家もない時代を過ごした世代にとっては、夢のように贅沢な、飽食の時代である。さらにコンピュータの発達によって、個人が世界の何れの政府、組織、会社、個人についても政治的、経済的な情報、科学、医学についての情報、趣味についての情報を難なく入手でき、知識を獲得しうる。国家、性別、民族を越えて、コミュニケーションが個人と個人、個人と国家等の間で容易に行なわれる。

今こそ、個人の確立が最も重要である。

反社会的、暴力を主としたテレビ、インターネットにおけるバーチャルな情報によって、人びとが何の苦もなく、良心の片鱗をも見せずに人殺しをし、金を盗み、社会不安を募らせている。豊かな物質的生活だけでは、人間の心を決して正しく成長さすことのできない証であるように思える。

人びとは物質的豊かさと身体の健康を求めて右往左往しているように見える。人の上に立つ人びとは、自己の利益、権利を追求するのに汲々としているようにも見える。

上から下まで、良心というものが忘れられているように思える。

人間は本来、身体だけのものでなく、心をもち、心の奥底に魂と良心をもつ、多重次元の存在である。

魂、良心に目覚めないで、物の原理に従って物質的豊かさのみを求めることに汲々としている時、自然を壊し、人間は自らの手で地球を住めない所にする可能性が大きい。

魂、良心に目覚める時、人や社会と共存し、自然と共生できる広い世界、深い世界が開けてくる。

今こそ、魂、良心に目覚める時である。

本書は、魂とは何か、良心とは何か、魂に目覚める時、真の健康、身・心・霊の健康が得られることを詳述したものである。

目次

目　次

人と社会を幸せにする良心

——人はなぜ悪を行ない、善を行なうのだろうか——

序

人と社会を幸せにする良心

この頃の世相を見てみると、嘘をついても平気、悪いことをしても平気な人が多い。宗教の名を騙って人殺しをしても平気な集団も出来た。人はなぜ悪いことをするのだろうか。

他方では、海外の困っている国ぐにの人びとを助けるために多くの若い人たちが海外援助隊として出かけ、見知らぬ人たちを助けている。妻がここ二〜三年足が痛くて歩きにくいので杖をついているが、電車に乗ると若い人たちが席を譲ってくれる。アメリカでも、車椅子に乗っていると、皆が道を開けたり、種々と優先させてくれるので、人の親切が有り難く感じられる。

人はなぜ、他の困っている人びとを助ける親切、善をするのだろうか。人間には生来、善を行ない、悪を斥ける良心が心の内奥に具わっていて、それが善を行なわせると思う。

しかし反面、人は悪いこともする。数年前、ロサンゼルスで黒人青年が警官に不当に暴行され、黒人の人たちがそれに抗議して暴動が起きた。警察もなすすべもなく、治安が一時悪くなると、周りに住む、日頃は穏健な白人もアジア人も黒人もヒスパニックも、挙って商店やデパートから品物を略奪した。これは、人間は社会的規制が無くなると誰でも悪いことをする可能性のあることを示している。

イスラムの開祖マホメットは、人間を三種類に分けて、十人のうち、一人は常に悪いことをする、一人はいつでも正しい善を行なう、他の八人は社会状況次第で善人になったり悪人になったりすると言う。ロサンゼルスの暴動に紛れて略奪した人びとは、この八人に属する人たちであろう。

私はこの五十年余りの厳しい宗教的修行を通じて、霊や神々、神との一致の体験を通じて、また、三十年に及ぶ心霊相談の体験を通じて、以下のことを確信している。すなわち、人間は死ねばそれで終わりでなく、魂は存続し、この世の財産、物や人間に執着して死んだ人の魂は執われの状態にあって、死後の世界で苦しんでおり、それが、その人の執われと関係している財産、物、人に悪い影響を与えている。死ぬ時にこの世への執着を離れて、生まれてきた時と同じく裸一貫であの世へ行った人びとは、幸せな死後の世界を生きている。そしてこの世の人びとを導き助けている。これらの魂が再生すると、前者は身体や精神で不安定な異常な状態で再生することが多く、後者では知能や愛において優れた人として再生し、世の役に立つ人であることが多い。

人間は身・心・霊（魂）より成る一全体として存在し、この世は死後の世界（霊界）との密接な関係において動いている。

また私は、超心理学者、生物物理学者として超常現象の研究に励み、人間には、感覚や物理的手段を超えて物や霊、人の心を認知し、それらに心力によって直接働きかけうること等を、科学的に、間接的に証明した。

上記のような宗教体験、心霊相談の体験、超常現象の科学的研究の成果を統合した立場で、人間とは何か、なぜ人間は悪を行なうのか、善を行なうのか、あるいは苦しむのか、悪とは何か、善とは何かを考え、この世の善悪を超えて神の普遍的善をこの世に実現するにはどうしたらいいのかを述べてみたい。

また、種々の民族、国家は、それぞれに異なる道徳、善、悪の概念をもつが、これらはそれぞれに普遍的善の異なる現れであり、それによって、異なる気候、自然環境の中で、それに適応して異なる生き方をしてきた種々の民族の社会の掟をつくり、それらの社会、人間を成り立たせた。その理由をも考えてみたい。

先ず、なぜ人間は悪いことをするのか、実例を挙げつつ考え、悪とは何か、人間をして悪いことをせしめる原因は何かを考えてみよう。

一　人間の悪と苦しみ

㈠　人はなぜ悪を行なうのだろうか

(1)　現代の世相

　五十年～百年前には考えられなかった豊かな物質的生活を送っている。季節毎に自分の好みの衣服を何枚も買い、男も女もおしゃれになった。若者の或る人は髪の毛を茶色に染め、顔には黒い化粧をしてわざとよれよれのダブダブの服を着て、私の住居近くにある井の頭公園を闊歩している。各人が好きなような服を着て、公園の路上、草の上に胡坐をかき、ギターをかきならして変な声で歌っている。その周りに似たような服装と格好をした若い男女が地べたに坐って聴いている。自由なのであろう。好きなことをして楽しんでいる。

　家は、第二次大戦の終戦直後は皆、戦争中の防空壕（せいぜい六畳位）に屋根をかけて、ひもじい思いをして暮らしたが、今は三十〜五十坪の、冷暖房付き、素敵な家具をしつらえた家に住み、別荘やセカンドハウスを持っている人も多い。食べるものは、戦前、戦中、戦後の、食糧がなく、十年余り毎日毎日ひもじい思いをして暮らした私には驚く他ない飽食の時代である。いろいろな国ぐにのおいしいご馳走、酒、ワインを食べ放題に食べ、飲み放題に飲んで、残りは皆捨ててしまう。食物、物、家に対する感謝の念がさっぱり見られない。贅沢な衣服、家、食物を持ち、使い、食べて、何の感謝も見られない。

　衣食住のいずれがなくても人間は生きていくことができない。それを叶えてくれる豊かな食糧、衣服、家、それらを作り供給してくれる人びとに感謝の心を忘れたところに何か大きな人間の心の傲慢さ、エゴイズム、人間中心主義がみられる。これらの物質主義、人間中心主義が悪の温床であるように思える。

日本でもアメリカでも、何ぞというとすぐ裁判に持ち込むケースが増えてきた。一～二年前のこと、アメリカの一老婦人が、レストランで「テイク・アウト」したコーヒーを車の中でこぼして膝を火傷した。彼女はこぼれるような容器、こぼれるような入れ方をしたのが悪いと訴えて、そのレストランの親会社から数万ドルのお金を勝ち取ったという記事が新聞に載っていた。

我々日本人からみると、自分の不注意でこぼしたのにどうして裁判に勝てたのか、また、自分の不注意で火傷したくらいで訴えなくてもよさそうにと思うが、どうしてそんなことができるのだろうか。

その理由を考えてみると、

① コーヒーのテイク・アウトの容器は「こぼれない」ように作り、安全が保証されている

② 個人の身体、心を守る人権保護の法律で人権が守られている

③ 自己の意志に基づかないで、他人、他人の家、他人の作った物で怪我をした

場合、それの補償がなされるべきである

上記のようなことが社会の常識あるいはルールになると、当然、上のような裁判を起こして勝つこともできる。

その際弁護士が活躍することになるが、聞くところによると、もし訴えられる相手が貧乏で金を払えないような相手だと、弁護士はたとえ訴える側に正当な理由があり、相手が悪くても、――たとえば自動車事故で、向こうが故意に車をぶつけてきてこちらが傷を負ったような場合でも、相手が貧乏で金を払うことができないと思われる場合には、弁護を引き受けることを喜ばない、引き受けないケースが多いそうである。

上の、金を勝ち取った老婦人も弁護士も、あまりにも金、金に執着している。また、人権主義、個人主義に凝り固まっている。

どうして個人主義、人権主義、金による解決が、社会や人間を動かすルール、常識となったのであろうか。

一七六〇年代の産業革命によって、人間の衣食住を豊かにする多量の物品が生産されるようになり、古代や中世と違って、個人が財産を持ち、企業が独自の財産を持てるようになり、その財産を無際限に増やすことができるようになった。マイクロソフトのビル・ゲイツは、コンピュータのソフトをつくっただけで五千億ドルの個人財産を持っている。企業でも、その資産を守り生き残るためには、世界的規模で合併が行なわれている。ダグラス、ボーイングというような世界的規模の飛行機製作会社も、ヨーロッパの飛行機会社に負けないで世界的シェアで飛行機を売れるように、合併してその会社の存続と資産の保持、増大を計っている。常にそこには金を追う競争がある。

一九六二年にアメリカの大統領ニクソンは、それまでの金本位制、つまり紙幣の発行額だけ金を持つべきという制度を廃止して、必要なだけ紙幣を作ればいいということにした。今回のアジア各国の経済危機をもたらしたのはヘッジファンドであるが、金、つまり価値ある物質から浮いてしまった紙幣（ドル）を、金銭の儲かる見込みの有望なタイ、シンガポール、マレーシア、韓国、中国等につぎ込み、株を買い、どんどん工業生産を進展させ、見せかけの経済を豊かにし、株価を上げた後、株価が買った価よりうんと上がったところで売りに出し、金銭（ドル）を吸い上げてしまった。アジア各国は金銭がなくなり、工業生産の設備も出来なくなり、原料も買えなくなり、経済危機が当来して、この三～四年、国家経済破綻に多くの国が追い込まれた。

これらのことは、世界の各国が挙って資本主義、つまり個人も企業も自由に資産を持ち、それを増したらよろしい、そのためには競争すべし、という資本主義に基づいて動いた結果、人間も国家も社会も全て金銭で換算される物質になり下がったためのことである。

いったい、資本主義の下ではどうして人間も社会も国家も金銭、物になり下がり、個人主義、人権主義が台頭したのであろうか。

人間も社会も国家も物になり下がったところで悪が蔓延するようになったと思わ

れる。先ず、資本主義の下で人間も社会も国家も物になり下がったことについて考えてみよう。

(2) 資本主義と、人間、社会、国の物化現象

古代や中世では、衣食住の大量生産はなく、共同体を離れて個人が財産を持ち、個人として生きていくことは困難であった。たとえば狩猟民族は共同で獲物を追い、或る者は槍を投げ、或る者は弓で矢を放って獲物を仕留め、皆で腑分けをして平等に獲物を分配した。

砂漠では、井戸を共同で掘り、水を共同体に配った。農耕地では農作業や水の潅漑を共同で行ない、作物を収穫した。しかし一七六〇年代の第一次産業革命以来、衣食住が水蒸気のエネルギーを使って大量生産されるようになった。さらにその後の工業技術の発達に伴う衣食住はもちろん、交通、通信、医療、経済、政治組織等の革命、発達によって、企業は勿論、個人もその財産を持ち——資本主義——、ど

こへでも旅行し、誰とでも通信し、株等によって個人による経済活動ができるようになった。共同体の成員としてのみ生きることができた古代や中世と違って、個人が個人として生活ができるようになった。十分な衣食住を持ち、十分な金、財産を持てるようになった。

政治も個人主義に基づいた民主主義となり、個人の人権を尊重する政治、「人民による人民のための政治」となった。個人の自由が保証された。

科学技術の発達により、物質的生活はますます豊かとなり、人びとは豊かな物質生活を追い求めるようになった。私が一九六二年にアメリカのデューク大学に研究員として勤めていた頃、普通の家庭では絨毯を敷いているのは寝室か居間ぐらいのもので、家じゅうに絨毯を敷くようになったのはこの二～三十年ぐらい前以降である。日本でも新しい家は多くの部屋に絨毯を敷き、冷暖房、給湯設備が整い、台所も電化され、各家庭には車があり、各人がEメールにより世界中の企業や団体や個人と通信できるようになった。

個人が個人の生活を楽しめる時代になったのである。

しかし、豊かな物質的個人の生活を享受するために、人びとは自らの心的能力、肉体的能力の全てを給料という金銭に換算するようになった。私の友人でアメリカの有名大学のトップクラスの教授が、私がアメリカに設立した大学院大学（カリフォルニア人間科学大学院大学〈ＣＩＨＳ〉の、設立目的と研究方針とに対して深い理解と賛同を示しつつも、自分は月に一万ドルの給料を貰っているから、一万ドル出してくれるようなら貴方の学校へ移ってもいいと言うのを聞いて、人間が自らを金銭に換算して自分の価値を表現するのを改めて実感した。

資本主義経済は個人主義を支え、人間個人を金銭や物で換算する習慣、生き方をつくり出した。資本主義の下で、人間は何時の間にやら物になり下がったのである。

一切のものが金銭で買える時代である。飛行機事故で死んだ人びとの命も五千万円、一億円という金銭で補償される。女子中学生、高校生が、小遣いほしさに援助交際をして恥じるところがない。自らを金銭で売っているわけである。人の命も、貞操も、能力も、全て金銭に換算される。これは人間が物化した証拠である。
いったい、物とは何であろうか。

(3) 物とは何か

現代の物理学によれば、物理的宇宙は超高温度のビックバンによって始まり、一秒の十のマイナス三十乗ぐらいの間に四つの力、すなわち強い力(核力)、弱い力(放射線)、電磁力、重力に別れ、次第に物質世界、宇宙が生じた。宇宙の温度は次第に冷えて凝縮し、エントロピーが増大して崩壊すると言う。物の基本原理は、凝縮と崩壊である。

ではなぜ、凝縮と崩壊を原理とする物が、一定期間、一定の秩序を保って存在しうるのだろうか。たとえば一つの銀河宇宙の寿命は二百億~三百億年だという。人間の身体は七十~百年である。どうして、絶えず無秩序に向かって崩壊するはずのものが、一定期間、一定の秩序を保って存在できるのだろうか。

私は自分の超常能力体験から、無秩序な物の素材に一定の秩序を与えて一つの存在として存在せしめる力は、神の愛と智慧による創造力であると確信している。人間の身体（物）は、神の力の協働の下に、人間の魂が物に秩序を与えて自らの身体を形成している。しかし人間の魂の形成力は弱く、長期間身体を一定の秩序の下に保持することは難しい。せいぜい百年ぐらいである。しかし、もし人間の魂が進化してより高い精神の段階、神霊の段階に達すると、物に対する支配力が増し、身体をより永く保持、形成しうると思われる。現在の地球上の人間の魂は、常に、自己凝集と崩壊に向かう物の原理に支配されるところが大きい。

(4) 物の原理に従った心が悪を行なう

従って、せいぜい百年も生存できない。物の自己凝縮力に支配される故に、人間の魂、心は常に自己保存、自己主張に傾く。魂が自ら形成した身体も、食物を食べても、自分の身体の栄養にはなるが他人の身体の栄養にはならない。このように、物の力に縛られた魂、心は、必然的に自己保存の方向に傾いて働く。

豊かな物質的生活を可能にした工業技術の発達は、この、人間の自己保存の性癖を強力に推し進める結果となった。現代の人びとは、自己保存、自己の身体的生命の保持、健康のために、ますます豊かな物質的生活を追い求める結果となった。能力のある者は十分な金銭と物を所有しうるが、能力のない者は持ちえない。政治は自由平等を謳いながら、現実は弱肉強食の競争の社会が資本主義の世界である。争いの社会では、個人も企業も国家も、ますます自らの存続のために、他の個人、企業、国家と戦わねばならない。企業戦争という言葉をしばしば耳にする。個人も企業も社会も国家も、互いに争わねばならない。そこから、人類全体の平和と調和を築くために国連のような国際的調整機関が必要となり、国連が活躍する舞台がますます拡大されてきた。

資本主義国家には国連というような調整役、統合役が必要なのである。

個人、企業、国が経済的争いを勝ち抜くには、そこに悪、嘘、利益を得るための癒着が生じるようになる。

どうしてか?

この世の中で、個人あるいは一企業、一国家だけで生きていくことはできない。たとえば一人の人間が生きているのは、先ず、両親があって生まれてきたのであり、生まれて後は両親の庇護、養育の元で大きくなった。その人間が生きていけるのは、食物を食べ、寒さを防ぐ衣服、雨露を凌ぐ家があって生活できるのである。それらは自分で作るものでなく、食物は農民の働きと自然の恵みであり、衣服も家も自然の産物と人間の加工によって出来たものである。

人間が生きていく上で最も大切な要素の一つ、酸素は、呼吸によって空気中から得られるものである。もし地球の温度が人間の耐えられる以上、例えば摂氏二百度にもなると人間は生きていくことはできない。

以上のように、人間は自然の恵み、他人の働きによる産物によって生きているのであって、決して独りで生きることはできない。

人間も企業も国家も、多くの人間、社会、国家との共存で生きられるのであって、自ら独りで生存はできない。それにも拘らず、自らの力で、他を押しのけて生きようとする時、できないことをするのであるから、嘘、ごまかし、自分の生存のために他のものを盗む、奪うことをしなければできるわけはない。企業間の特許技術スパイ合戦、国家間のスパイ合戦、企業間の物品価格の申し合わせによる癒着等、数えるときりがない。

では、全ての個人、企業、国家が悪いことばかりして成り立っているかというと、決してそうではない。自らの能力に応じて、自らのしていることに責任と良心をもって働き生存している個人も企業も国家も、十分に生存し、この世の生を享受しうる。しかし、社会全体、人間全体がさらに豊かな物質的生活を追い求めると、企業も人間も国家もそれらの欲求を満たすために、工業技術、経済組織を発達改変しなければならない。その、より大きく発展改変しようとする時、自己の能力で十分にその欲求に応える技術と製品を作ることができる企業は正々堂々と発展する。しかし、それが自らの能力をこえている時、個人も企業も国家も、悪を働く可能性が生まれる。つまり他を欺き、蹴落とし、自らのみを成り立たせようとする。

以上のように、自分一人では、この世の一切の存在は存在しえない。他に依存してのみ成り立ち、生存しうるものである。

この、一人では存在しえない個人、企業、国家が一人だけで成り立とうとする時、それは本質的に不可能なことであるから、そこに多くの悪が生じる。

(5) 悪とは何か

古代から、洋の東西を問わず、「盗むなかれ、嘘をつくなかれ、姦淫をするなかれ、人を殺すなかれ」という道徳律がある。これらは何れも、自らの生存を保持するために他を害する所業である。これが悪である。自らの欲、生存を満たすために他を害する邪な行為は、社会の安寧を壊し、ひいては個人の生存を危うくする。なぜなら、その個人の属する社会の安寧と平和なしには個人の生存も危ういからである。

自らの欲に負け、自己主張、自己保持に陥る者は、個人であれ、企業であれ、国家であれ、悪を犯すようになる。

さらに言えば、他を省みず、自己主張、自己保持に陥る者は、他を害し、悪を行なうことになる。

自己保持のために他を害する悪を行なうのは、自己凝集し、自己保持をし、究極的には物の秩序を壊し、崩壊する物の原理に従った心、魂の所業である。

次に、悪の芽、潜在的悪、顕現した悪について考えてみよう。

(6) 悪の原因と種類

自己の存在を維持するために他を害する、あるいは殺すのが悪だとすると、自己の存在を維持しなければならないところに悪の原因、悪の芽があるように思われる。古代から近年に至るまで、或る砂漠の狩猟民族は、砂漠の中で水も食べる物もなくなってくると、他の部族を襲って食物、女を略奪し、男を殺して、生活の糧にした。

我々の目から見れば、彼らの生活は半ば悪業の上に成り立っているとしか考えられない。何が彼らを略奪、殺しという悪に走らせるのか。

それは身体をもっているからである。砂漠で食べ物も水もない時、身体をもった人間は自らの生存を維持できない。そのために、略奪しか生きる道がない。しかしこの砂漠の民族の行為は、ライオンがシカを殺して食べてその生命を維持するのと違い、人間の自由意志による決定、行為の計画、実行という、人間の意志決定による「他を害する行為」であるから、やはり悪である。戦争で敵と相対峙した時、相手を殺さないとこちらが殺されるより仕方がない。やはり互いに相手を殺すことになる。これも人間の意志決定による行為であるから、悪である。国家は悪の上に成り立っているとも言える。

人と社会を幸せにする良心

人間は身体と心、魂をもつ一全体的存在である。そして、魂こそが人間の本質的存在であり、それは肉体をもたず、霊体をもつ。この霊体は神よりの霊的エネルギーを貰って生き、より高い霊（ヨーガで言うカラーナの霊）はその働きにおいて他の霊と一つになりうる。そこでは共感と智慧と愛によって共存し、他を殺し害し合うことはない。そのような魂が人間の存在の本質である。

このことに目覚めず、資本主義経済の下、唯物思想、科学思想が指導的原理となった物質文明の下で、他の人間、生物とは入れ替えることのできないＤＮＡによって形成された身体を人間存在の根源と考える時、この身体を基本とした人間存在は、他と代わり得ない唯一のものであるから、自己存在（身体）がその維持を危うくされる状態におかれると、他を押しのけ害してでも自己の存在を維持しようとすることになる。これは、企業も工場、本社、機械類、多くの人間、財産から成る企業体をもつから、当然、その存在が危うくなると、他を害してでもその存続を図ろうとする。国家も同じである。

自分の存在が他と代わり得ない、他と区別されるものである、と考えることが悪の芽を含んでいる。

他に頼らないで自分だけで生きていこうと思う時、それはこの世的な道徳の立場からみると立派であると言えようが、その中に既に潜在的悪を宿しているように思われる。というのは、もし自分の能力や資力だけでは自立できない時、自滅するか、あるいは積極的に他を害してでも生きようとするであろう。その時、悪が顕現したことになる。

従って、自分を他から区別して「自分だけ」と思うところに悪の芽があり、「自分だけ」を守ろうとするところに潜在的悪があり、他を害してでも自分を守るところに顕在的悪がある。

一切のこの世的存在、物質的存在、宇宙、自然、植物、動物、人間、人間社会、国家は、一切を成り立たせる創造神の智慧と愛と創造力によって、物質として現れる以前の無秩序且つ無活動な原物質と、その原物質の内に含まれる精神の芽に秩序が与えられ活性化され、それぞれに一定の秩序をもった物質的存在として形成され、物質の内に含まれる精神の芽を、人間の心、魂に進化発展せしめられた。一切の存在はその根底において創造神の内で共存し、一となりうるものであり、自分だけでは決して存在しえないものである。このことに目覚める時、自分は「自分だけで、他のものと異なる」と考える無知が消え、他と調和し協力することによってのみその存在を全うしうることに気づくであろう。この世の一切のものは共存し共生してはじめて、その生、存在を全うしうる。この時、悪は生じようがない。

魂が創造神との密接な繋がりの内にあるカラーナの次元に目覚める時、人間も企業も国家も互いに相手の内に自己を見出し、共存できるようになる。

まして、カラーナの次元を超えた純粋精神、神霊（ヨーガで言うプルシャ、ヘーゲルの言う客観的精神）に目覚めた人は、全ての人間、社会、国家を導いて共生せしめうることができる。それには時間が必要であろう。というのは、物は精神に対して一種の独立性、抵抗力をもつが故である。

(二) 善人が苦しみ、悪人が栄えるのはどうしてか

(1) 善人が苦しむ訳

よく世間で、正直な善人が苦しむことが多く、悪人がのうのうとして栄えているのはどうしてだろうと言う声を聞くが、四十年余り神社で宮司として、信者の相談、心霊相談をして思うことは、悪人は十年、二十年の後には、一時栄えていてもやはり終焉があり、また、最後がよくないように思う。因果応報ということである。

ところで、「自分は正直で、人に悪いことをしたことがないのに、どうして仕事に失敗したり、家の中がうまくいかなかったり、病気になったりして、悪いことが続くのでしょう」と相談に見える人が間々あるが、その善人、正直な人におおよそ共通な性格は、自分は正しい、間違ったことをしていないという思いが強く、清く正しい自分をしっかりと保持していることである。そして、周囲の事情や人情の機

微に通じない、一人よがりの人が多い。こういう性格の人（Ａ）が、たとえばＢという人を気の毒に思って助けようとする場合には、ＡはＢその人の思いとか考えとか感情とかを理解しないで、自分流に理解したＢに自分流の方法で親切をする。Ｂにとっては的外れで迷惑なことも多い。これでは対人関係がうまくいかないと思う。必ず問題が生じ、苦しむことになる。だが、Ａ当人は、自分は正直で一生懸命人のために尽したのに、と嘆くのである。

「自分は正しい」という堅さは案外と病気をつくる。心身症をつくるものである。もう少し自分から離れて自分を見、自分から自由になると楽になるだろうに！　そして、他の人や物の本当の姿を見ることができて、人や自然と正しい調和のある関係を保つことができれば、自分の堅さから生じるストレスもそれから生じる病気も苦しみも消えてなくなるであろうに！と思うのである。

善人、自分は正しいと思っている人は、自分には正しいこと、善いことがもたらされて然るべきである、つまり善人には善果がもたらされるという因果応報を信じていて、正しい善人なる自分に善が報われるのが当然であると考えている。しかし上述のように、「正しい」と思う自分をしっかりと保持し、自己主張が強い。

しかし、悪の原因のところで述べたように、強い自己保持と自己主張は悪の芽を含んでいるのである。潜在的悪を含んでいるのである。これが、苦しいこと、悪を、因果応報の世界では必然的に呼び寄せることになる。

自分は正しい、従って善果が得られるべきだと主張する心は善悪のカルマの世界に沈んでおり、善悪を超えた神と会うことはできない。善人である自己をしっかり握っている善人が、その善人である人間を捨てない限り、神を念じ、神と会いたいと思っても、神に会うことはできない。神は、小さな善人である人間が全く否定されて神の方に向き、生も死も神に任せた時にはじめてその存在を顕わにするのである。

(2) 悪人が栄えるのはどうしてか

次に悪人が栄えることについて話そう。

悪人は決して長く続かないというのが私の長年の心霊相談による結論である。ではなぜ、たとえ十年、二十年であっても、悪人が栄えるのだろうか。

この世は物の世界である。心や魂は物の原理に支配されている。物の原理は自己凝縮であり、物の原理に支配されている心や魂は、自らを他から区別して自己保持、自己主張する。ここに潜在的悪が絶えず働いている。

現代の資本主義の下では、心も魂も能力も金銭、物に換算されて取り扱われる。身体はもちろん、心も魂も物の原理に従って働くことになる。そこには自己主張があり、自己の財産の所有、その増進を求める欲求が世の中に渦巻いている。悪が栄える基盤が整っている。ここでは自己主張し、他を押しのけ、他を害し、自己の資産を増す欲望が容易にまかり通る。

物である身体の欲望、性的欲望の満足を当たり前のようにして追求し、不道徳なことをしてもはばからない悪が蔓延している。このような世相では、悪人が一時栄えることは容易なことである。

しかし前述したように、悪は一時栄えても、永く栄えることはない。これは神のご経綸の一つである。

(3) ヨブの話し

旧約聖書のヨブ記に、正義の人、善人であるヨブの物語が書かれている。

ヤハウェ（ユダヤ人の民族神）が、ヨブが神の掟を守り、正義の人であることをしきりに称えそやしていた。サタン（ヨブの伝説は約四千年前に、シュメール人やバビロニア人の頃にその起源をもつと思われる。その当時は、約二千年後のキリストの時代のサタン〈悪魔〉の概念とは違って、この世で人びとが善を為したり悪を為したりしたのを記録し、一種の閻魔大王のような死者の審判をする天使であった）は、「人間は元来利己的存在で、信仰をするのも神に祈ることによってご利益を得るためのもので、決して神そのものを敬っているのではない。ヨブも、神の掟を守り、正義面しているが、災いをもたらしたら必ず神に背き、信仰を捨てるであろう」とヤハウェに進言した。ヤハウェは、ヨブに限って神に背いたり神から離れたりはしないとサタンに話し、それでは試してみようということで、ヨブに種々の災難をもたらした。先ず、裕福な家、土地を奪い、人びとの信用を失うようなことをヨブの周りに起こし、貧乏にして人びとから嘲られるようにした。さらに十人あった子供を次々と死なしめ、遂にはヨブの身体中に吹き出物をつくり苦しめた。

ヨブは、自分は今まで神の掟を守り、家業に励み、妻にやさしく、子供を慈しみ、世の人びとを助け、善を行なって、何一つ悪いことをしなかったのに、何故にこのような悪果を以て報いられねばならないのかと神に訴えるが、神は一向に何も答えてくれない。ヨブは次第に神を呪い、怒るのであるが、どうしても、善人がなぜ苦しまねばならぬか、その理由を聞きたいと神に切に願う。

こうして何年も経った。しかしヨブの心は神から離れず、唯ひたすら、善人が苦しまねばならぬ理由を神に問い続けた。
或る日、ヨブの心に、人間の小さな心が神の御業の全てを知ることができるだろうかと疑念が生じ、唯ひたすら神に祈った。その時、神が顕われ、神による宇宙創造の神秘、偉大さを示され、ヨブは自らの無知と神のご経綸の人知では計り知れないことを悟った。ここで神に初めて面と面を合わせて会うことができた。その後、神の恩寵により再び裕福な家庭をもち、子供にも恵まれ、人びとから愛されて一生を送ったということである。

この物語の中で大切なことは、

①サタン、民族神としてのヤハウェが善人であるヨブに苦しみと災いをもたらしたということ

②善人であるヨブが、善人には善果があるべきであるという因果応報を信じていたこと

③どんなに神から苦しみをもたらされても、それが神によってもたらされたと

いうことを知らずしても、また、神を恨み、神に対して怒っても、決して神から心を離さなかった

④最後に、小さな人間の心が神のご経綸を知ろうとするのが誤りと気づいて、人間としての自己否定と神への全託が生じると、神が顕われ宇宙創造の神秘を説かれ、神との一致が生じた

⑤神の恩寵によって再び幸福な日々を送って一生を終えた

①〜⑤について以下に説明を加えてみよう。

(4) 民族の神、国の神、土地の神——災いをもたらす——

先ず①の、民族神としてのヤハウェが善人であるヨブに苦しみと災難を与えたということであるが、そんなことがあるのだろうか。

長年の心霊相談を通じて、民族の神、国の神、あるいは或る地域の土地の神（魂）が人間に災いをもたらすということは屢々みられるのである。

聖書の中にも書かれているが、ヤコブが荒野を旅している時、或る土地にテントを張って休もうとすると、神の声があって、

『そこは我の休む所であるから、汝（人間）が休んではならぬ』

と言われた。ヤコブは恐れおののいて主を拝み、そこを退いたとあるが、土地の神、川の神、山の神の休む聖所を、人間が休んだりそこで不浄を行なったりすると、病気になったり、事故に遭ったり、災難がふりかかることがよくある。

民族の神、国の神は妬む神で、自分の支配する領域の民が他の国の神を拝む時、人びとに災いをもたらすこともよくある。

どうしてだろうか。国の神、民族の神は、顕現以前の原物質の中に含まれていたその土地、国、民族の精神の芽が、創造神の愛と智慧と創造力によって、国の神、土地の神、民族の神として進化顕現せしめられたものであり、元来、物に属するものである。物の精神は、自己保持、自己主張をその性質の一つとしてもつ。自らに従わぬもの、自らに背くものに災いをもたらす。また、ヨブの場合のように、自らの意志

によって善人を試すために災いをもたらし、最終的には神との一致をもたらす。

ヤハウェは初めはユダヤ人の民族神であったが、ユダヤ人がシュメール文化、バビロニア文化の一神教、創造神の影響を受けて後、神概念も民族神と唯一創造神との混合がみられた。しかし二千年後のキリスト教のように、純粋な唯一創造神の概念には未だ至っていないと思われる。

(5) カルマの世界では神に会えない

次に、②の、善人であるヨブが、善人には善果があるべきであるという因果応報を信じていたということは、彼が未だカルマの世界を超えていなかった、従ってヨブは、未だカルマを超えた世界である神そのものに会うことはできなかったということである。

善人である人間としての自己を固守しているということは、そこに悪の芽があり、潜在的悪があるということである。従って、カルマの世界にある民族神によって災いや苦しみをもたらされる素質を具えているわけであり、実際にもたらされたのである。

(6) カルマを超えたら神に会える

しかし、ヨブは、小さな人間が神のご経綸を知ることはできないと気付いて、神にひたすら祈った。そこで人間としての自己の否定が生じ、神へ真っ直ぐ向けた回心と全託が生じた。そこに神が顕われ、神との一致が得られ、因果応報のカルマを超えた神の世界に達した。

カルマを超えた神人には、もはや民族神による災いを受けず、創造神としてのヤハウェとの一致において幸せな、自由な悟りの人として一生を終えたと考えられる。

(7) 私の、神に会える迄の歴史

私が創造神としての玉光大神[1]にお会いできるまでの経緯を、ヨブの生涯と似てい

るところがあるので記してみよう。

私が五歳の頃[2]、『大きな戦が五年後始まり、世界が大きな混乱と苦しみに陥るかそれを救うために降臨した』というご神言のもとに、玉光大神（霊母[3]に『本来神には名はないが、そちに授けた神の名として玉〔愛〕と光〔智慧、創造力〕の神、玉光大神と称えよ』とご神言があった）がご降臨になった。その頃は、霊母（二十二歳）にも実母[4]（二十七歳）にも、降臨された神がどういう神様か解らなかった。ただ、偉大な神様としか理解できなかった。子供の私には、山奥へ瀧行に行く時励ましてくれる神様、くたびれると心太（ところてん）を与えてくれる神様、何でも願い事を叶えてくれる神様、友達のように竹馬に乗って一緒に遊んでくれる神様というふうにしか理解できなかった。

十歳の時、実母が神様のご指示で父親と別れ、霊母と東京に出てからは、私には継母の下で毎日淋しい辛い日が多かった。一九四四年から一九四五年（十八歳～十九歳）にかけて、中耳炎の根治手術を三回もしたが、こんな痛い手術なら死にたいと思うほど痛かった。戦争中のことで、全身麻酔でなく局所麻酔で、左耳の後ろの骨を金槌と鑿でゴンゴンと叩いて削るのであるが、麻酔が四十分毎に切れる前の、目眩、吐き気、身体が暗闇の中に落ち込んでいくような恐怖を、四〜五回繰り返した。その間、耳の中から顔の上を血がタラタラ流れ、それを吸引器でシュッシュッ、キュウキュウと吸い取る。終わりには貧血で気が遠くなったが、輸血を受けることもなく、付添いもなく、自力で自室に帰った。

その後一〜二カ月は貧血でフラフラしていたが、肺炎にはなる、下痢はする、体重は十五キロほど痩せる。独りで病気と戦うのは大変であった。

以上は一九四五年の三回目の手術のことであるが、前年の二回目の手術の後の十二月〜二月の冬の間には、食べるために木こりの手伝いをした。朝三時に起き、四時に家を出て峠を二つ三つ越えて三時間余り歩き、香川県と徳島県との県境の山奥で四時間ほど木を切り、荷車に木を乗せ、牛に引かせ、午後三時ごろ山を出て六〜七時に家に帰る毎日であったが、ずいぶん身体が痩せ衰え、自殺を考えて鉄道線路の上に寝たこともあった。

上述の、三回目の手術をしたのは二月の終わりであった。その二カ月後、未だ耳が治らないうちに、締めくくりとして、海軍の予備学生として横須賀の海軍の兵学校分校（対潜学校）に入学した。まだ耳からは血や臭い汁が出て、ときどき猛烈に頭痛と吐き気がする時があったが、数学と物理の試験がよく出来たということで、とうとう帰されないで、海軍の学校に入学することになった。

一年で少尉に任官するというので、予備学生の訓練は健康人にとっても苛酷なものであった。一年間に三回も耳の手術をして身体がよれよれになっていた私にとっては、大変な苦労であった。学課の学習も一時限が四時間であった。それが毎日朝から続き、昼休みには棒倒しで、百五十人の学生の取っ組み合いであった。五分すると一人が怪我か意識不明になるくらいの、激しいものであった。耳のうしろの縫った所がパッと破れて気絶しそうになった時もあったが、根性を鍛えるには絶好のチャンスであったように思う。

夕方五時には、二～三キロメートルぐらい、カッターの練習か水泳であった。ともかく六十キロの体重が四十八キロぐらいに減った身体には、とても辛かった。

ときどき、あの優しかった神様がなぜこんなに苦しい目に遭わすのだろうか、しかも、実母を神様の許に呼び、後、継母の下でこんなに苦しい思いや、食べるために病気の身体で木こりまでしなくてはならないような目になぜ遭わすのかと、神様を恨んだものである。それが十年間続いた。

二十歳になって、『このままでは博が死ぬことになる。早く引き取るように』というご神言で、東京の母達の所に引き取られた。しかし、父宛の家出の手紙を家(十八歳で私が父から当時の二千円を貰って、大工を呼び、左官を呼び、自分で材木屋から木を買って、六キロメートルの山道を大八車で引いて持って帰って建てた家)の中に置いて、夕方、行李を担いで田舎道をトボトボ歩いて家出した時の、「父親にすまない」という気持ちで涙が出て仕方がなかったことが思い出される。

東京の母の下に帰っても、まだ、二人の母親に対する恨みの気持ちは消えなかったが、いつの場合もご神言の通りに動いたように思う。ときどきは家出をして、神様から離れたいという気持ちもあった。

二十四歳の頃から、大学へ通いながら、毎朝三時から十時まで、先ず神に祈り、ヨーガの瞑想行を行なった。断食行、不眠行もした。

半年ほど続けた或る日、クンダリニーが目覚めて身体が宙に浮いた。ものすごい神の力、クンダリニーの力が自分の存在の全体に張り、意識がほとんどなくなった。一ないし二時間後に目覚めてからは常に法悦の状態にあり、常に神様の声が聞こえ、知らぬ過去のことが解り、人を見ると、その人の前生、その人の住んでいる所、悩み、家族のこと等が自然に映画を観るように解るようになった。人びとは、私に何も説明しないのに私が自分たちのことを細かく解るので、不思議がり、恐れたりした。

神様に会えたのである。それから五十年、毎日欠かさず瞑想行を行なっているが、その間に、天候を変えたり、地震の予知をしたり、国と国との争いのカルマを解いたり、星の誕生を予言したり、人びとの病気を治したり、前生や未来を教えたり、種々なことを行なった。全ての人びとを助け、幸せにするためである。

玉光大神は宇宙創造の神であることについては、月山の二千メートルぐらいの山の上で、アイヌ族と大和族との民族の争いのカルマを解くために祈って、神と一致になった時、吹き荒れていた嵐をピタリと止めることができた。その時、玉光大神が宇宙創造の神であることを深く実感した。それは十二年ほど前（一九八七年）のことである。

それ以来、宇宙創造の神としてお祀りし、ご神意に沿って地球社会が実現し、神の国がこの世に実現するようにお祈りしている。一九九二年には、地球社会実現のための指導者を養成すべく、アメリカにカリフォルニア人間科学大学院大学を創り、州政府に認可され、八年余りで多くのドクター（Ph.D）の資格を得た卒業生を送り出した。言うのは易しいが、大学を創り、学長として教授を招き、学生を集め、コースをつくり、資金を調達して学校を経営するのはなかなか大変である。しかしご神意を体して、人間社会のために一生懸命努力している。そして、果を求めないで、立派な指導者養成をのみ念願している。

神を恨み、悲しんでいる間は神に会えなかった。人間としての自分の存在の全てを否定する行と全託を通して、初めて神に会えた。神に会えた後は、因果応報のカルマの世界の一切に執われない自由な境地、悟りの境地にあり、全ての人びとのことをその本質において知り、助けることができるようになった。アメリカ人にはアメリカ人のカルマ、道徳、考え方を通して、日本人には日本人の考え方、生き方を通して、それぞれに最も適した方法で導くことができるようになった。

この世の善悪をこえた普遍的善が、自己否定と降下を通して、その国その国の人びとに合うように働き、そしてその国ぐにの道徳、習慣に合った善が行なえるように導けるようになった。

次に、人間の災いや善果は、なにも、その人の一生の行為の結果として生じるものだけではないことについて述べよう。

(三) カルマによる災いと祈りによる善果

(1) 前生のカルマによる病気

或る若い娘が母親に連れられて相談にみえた。高校時代は元気だったが、卒業して暫くすると次第に元気がなくなり物思いに沈むようになり、精神科を訪ねたところ、躁鬱病と診断されたが、どうしてこんなことになったのでしょうと母親が嘆くのであった。

お祈りをして超意識でその娘の前生をみてみると、東京から北西へ二百キロメートルぐらい離れた諏訪に住んでいた、その娘の、前生での父親の名前と年代が解り、その父親を祀ってある墓のある寺の名前も解った。

母親と娘は、三〜四年かけて古文書の中に、前生における父親の名前とその葬られた寺名とをみつけた。その寺に行くと、私の言った通り、寺に前生での父親の名前の墓があった。娘がその前生での父親と母親（今生でも母親）と一緒に住んでいた時代は、ほぼ四百年前である。

前生における娘はその当時、両親の許さぬ男性と恋に落ち、それが遂げられず、鬱々として死んだのが私にみえた。それがこの娘の現在の病気の原因である。現に、その前生の男性と今生でも親しい仲になったが、決して許される仲ではなかった。そしてちょうど前生で恋に落ちた同年配になると、鬱病が発生したのである。

この例では、病気の原因が今生の生活史の中にあるのでなく、前生の出来事に由来している。本人もそのことをよく理解して、お祈りを続け、現在は鬱病も治り、元気で或る店のマネージャーをして働いている。四、五年前はとても働けなかったのである。

(2) 家のカルマによる災い

或る朝、神社で十何人かの弟子、信者といつものように朝の瞑想行をしていると、後ろの拝殿に誰かがお参りに入って来た。拝殿入口から五メートルぐらい離れた幣殿で前を向いて目をつぶって瞑想しているから、誰なのか肉眼では見ることはできない。そのまま瞑想を続けていると、超意識に、その新しく入ってきた人は六十歳ぐらいの婦人で、息子が分裂病で病院を出たり入ったりして困っていて、藁にも縋る思いで相談にみえたこと、この婦人の生家は神奈川県の大山の麓の伊勢原にあり、この婦人の父親が「つぶれの家」という家から畑を買ったところ、その畑の隅に大きな塚があったので、それを壊して畑を拡げたこと、その後その生家に次々と災い、病気、事故が生じ、生まれた孫（この婦人の息子）が分裂病になったこと、この青年は中学三年頃に霊に憑依され、霊は「自分は北条の武士で、戦死し、あの塚に葬られていた」とその青年にノートに書かせたことなどがみえてきた。

瞑想行の後、皆の方へ向いた。まさしく六十歳ぐらいの婦人がいた。以上瞑想中にみえたことを告げると、息ができないほどびっくりして、「おおよそのことは父と兄から聞いておりました」ということで、すぐお宮から伊勢原の実家に帰って兄に訊いて確かめたところ、私の言った通りであった。その塚の武士に無礼を詫びて、私と共に二、三週間お祈りすると、或る日突然息子が退院できて、家業の八百屋を手伝うようになった。

上の例は、本人の前生の業でなく、自分と直接関係のない、四百五十年も前の、武士の魂の憑依による病気(分裂病)であった。

(3) 土地のカルマによる災い

玉光神社のある井の頭は古い地名を「牟礼」という。そこにお宮を建てたのは、一九四八年頃、約五十年前である。

最初にお宮を建てる頃に、霊母の子宮筋腫が悪化した。建物が完成して感謝祭をしたのが四月八日であった。一九八〇年ごろから数年間、毎年感謝祭の頃になると、

宮の内の者か、熱心な信者の誰かが病気になったり事故に遭ったりする。神様にお伺いをしたところ、

千五百年ほど前に、朝鮮から日本に多くの政治、文化、技術の指導に来た人達が、大和朝廷の内で次第に勢力をもつようになったので、朝廷は、その当時は未開の地であり、アイヌの人達が住んでいたと思われるこの牟礼へ彼らを強制移住させたこと、朝鮮の人びとは日本へ多くの利益をもたらし、指導してきたのに、却って災いを受けたこと（苦難を強いられて苦しんだ多くの人びとは恨みをもって死んだのであろう）、「牟礼」というのは百済の古い言葉で「村」を意味することが判明した。千五百年前の朝鮮の人びとの恨みをもって死んだ霊たちが、この牟礼の土地で未だに苦しんでいる。その人達の霊を慰め、韓国と日本が共に栄えるように、三月十七日を慰霊祭の日に決めて、一九八四年から一九八八年にかけて五年間、毎年慰霊の祭り（牟礼―百済祭）をした。

その後は、四月八日前後に宮の内や信者で病気に苦しむ者がなくなった。そして

韓国が次第に経済的にも政治的にも発展し、日本と韓国の歴史上初めて、韓国の大統領（全斗煥大統領）が日本を公式に訪問することとなった。その後の韓国の発展は目覚ましいものであった。

以上は、民族同士のカルマ、土地のカルマが種々と災いをもたらすこともあるし、祈りが繁栄をもたらす陰の大きな原因の一つとなっていることを実感した出来事である。

個人の前生のカルマ、家のカルマ、土地、民族のカルマが現実の世界の人びとに種々の災いをもたらしていること、祈りによってそれらが解消し、災いを受けていた当人達の病気が治り、土地、国、民族が次第に栄えることになったことを考えると、霊界と現実の世界は車の両輪のように密接に関係しあいながら動いていることが解る。霊界は現界に大きな影響を与えるが、現界も霊界に大きな影響を与える。霊界と現界に調和と進化がもたらされるように神に祈ることの重要さが、以上の例からも解るであろう。

この世の中で、自分一人で生き、存在しうるものは何もないことは既に述べたが、現実の世界も霊界、魂の世界を除いては存在しえないのである。

現代の、物の現象のメカニズムのみを追求して心を除けてしまっている物質科学がリードする文明の下では、人間を身体という物を中心としてのみ見る人生観、世界観が横行しているが、心、魂なしには一瞬たりとも人間は生きることができないことを深く自覚すべきであろう。科学は感覚で捉えられる物を研究対象にできるが、見ることも、嗅ぐことも、触れることもできない心は対象にできないから、心そのものは放置しているのである。しかし我々は、心なしには生きられない。さらに魂なしには生きられない。何故なら、魂によって身体が形成されているのであるから。

㈣ この世の道徳は相対的なものにすぎない

(1) 神の力、精神の力による物の創造

物になる以前の原物質は自己凝縮と無秩序と無活動の極みで、そこでは、この世の側から言えば、死、静、無秩序と混沌しかない。そこへ神の愛（善）と智慧に基づいた創造力による働きかけによって――そこでビックバンが生じるのであろう――、原物質の中に含まれる精神の芽が神の創造力のもとで活動を始め、原物質の無秩序な素材に自らのできる能力に応じて秩序を与えて、現実の物質の宇宙が出来た。

なぜそのようなことを言えるかという基盤は、私の神との合一の宗教体験によって得た、物を精神によって支配する超能力の体験に基づく。産後、子宮の血管が破れて危篤になった産婦の夫から、「今神戸の病院に入院中で、医者が開腹に二十分

かかるから命の保証はできないと言われた」と、泣きながら電話がかかってきた。東京のお宮ですぐお祈りし、産婦の子宮の中を超能力でみると、ガサガサに荒れている子宮壁の下部の方から血がフッフッと出ている。そこに精神の力（Psiの力）をぐっと送って観ていると、次第に傷が縮まり、血が止まった。細胞が正常に戻りつつあるのが解った。患者は命が助かった。

医者は奇跡だと言う。しかし身体の細胞組織を精神の力で正常に治すことができるのである。

十年ほど前、アイヌ族と大和族の争いのカルマを浄めるために、夏、山形県の月山（標高二千五百メートルぐらい）に登った。ものすごい嵐で、風で吹き飛ばされそうであった。五十センチ先も見えないぐらい霧がかかっていた。ちょうど二千メートルぐらいの高さの所に、地元の人びとが、そこは死んだ先祖の霊が住んでいると言う阿弥陀ヶ原があり、そこで妻と息子と弟子の一人と四人で、それぞれ沼地の中の岩の上に坐って、アイヌ族と大和族の争いのカルマ（二千年ぐらい前から千年ぐらい前まで続いた争いのカルマ。多くの人びとが戦死した）が浄まり、千年以上も苦しみ迷っている霊達が救われるように神に祈願した。

自分の身体を抜けて天上に上り、高い所（千〜二千メートルぐらいの高さか？）に上って神と合一することができた時、急に風が止み、陽が照ってきた。その時、神は宇宙の創造神であると実感すると同時に、神と合一して生じる物を支配する力、物に秩序を与える力は偉大なものだと心から感嘆した。

四十年ほど前、クンダリニーの力が目覚めて宙に浮いた経験をした。その半年ぐらい後、或る宗教団体の教祖に、高野山で三月から四月にかけてヨーガの瞑想行を教えた。朝四時に起き、高野山の零度以下の寒い朝、屋外で表面に氷の張った冷たい水をかぶって水行をし、宿泊している寺から四キロメートルぐらいの所にある弘法大師の墓前に行き、屋外で土の上に坐って一時間ないし二時間の瞑想行をした。その当時は四キロメートルの道を、普通なら四、五十分かかる距離であるが、呼吸に合わせて歩く行法をして二十分以下で歩いた。教祖は駆け足でついてきた。山の上なので、よく寒い雨が降った。後ろからついてくる教祖が言うには、「周りに雨が降っているのに、先生の上には雨が降っていない。まことに不思議なことです」ということであった。天候をコントロールすることもできる。

メキシコで国際超心理学会が十五年ほど前にあった。特別講演者として招かれて行った。或る日メキシコの医師会会長が来て、「心霊手術にご案内する」と言うので、行った。パチータという老婆の霊能者が心霊手術をする。その時、刃渡り二十センチ、柄が十五センチぐらいの、四百年前の王様が使っていたという短剣が手術に使われていた。パチータの手許を照らす小さな明かりがあるのみの暗い十畳の部屋で、一、二例の手術が行なわれた。血のにおいが臭くて吐き気がするほどであった。突然、パチータが私に「手術をしてみないか」と言う。びっくりしたが、出来る！と思ったので、短剣を受け取り、パチータの助手の手助けで、腎臓癌で腹が太鼓のように膨れている女性患者の腹に剣を刺した。剣の根まで突き刺さったが、ほとんど手応えがない。パチータがグルグル廻せと言うので、短剣をグルグル腹の中で五分ないし十分ぐらい廻したが、水に溶かした粘土に刃を刺してグルグル廻すのに似て、ほとんど抵抗がなかった。すると、突然に十ないし十五センチもある、固い白っぽい肉の塊が腹の中から飛び出てきた。癌である。

高い精神力に対しては、物質は無いように思われた。意のままに物質を支配し、悪いものを取り出し、正常な状態に戻すことができる。

或る霊能者を被験者にして、研究所（宗教心理学研究所）の物理的エネルギー（重力と磁力を除く）が通らないようにした真っ暗な部屋（三階にある）の中で、精神力によって光を発光させたり、二階の机の引き出しにある文鎮を三階の実験室に精神力で持ってきて出現させることができた。

以上のような種々の超常現象の体験、実験を通して、人を助けようという愛の力、精神力は、物に秩序を与えて正常な秩序の下に戻しうる。超常的精神力は、物を創ったり消したりできる。天候をもコントロールできることが解った。このような体験に基づいて、神の力、愛と善意の精神の創造力によって、無秩序な原物質の内に含まれる精神の芽に神の力が加わり、無秩序で無活性な原物質の素材に秩序が与えられ、物質の世界が生じることを感得したのである。

(2) この世の物は、善悪のバランスの上に成り立っているとも言える

全ての物、自然、身体は、自己凝集し、無秩序（崩壊と死）に至ろうとする力――悪の力――と、一切に秩序を与えて存続せしめようとする愛の力、善の力がバランスを保ち、愛の力、善の力（他を成り立たせる力）がやや優位にあって秩序を保っている時、物、身体は正常であり、存続しうる。木にしても、石にしても、動物体にしても、身体にしても、宇宙にしても、無秩序と凝縮の力が勝てば全て崩壊する。

自然界の物は善の力と悪の力のバランスの上に成り立っており、善の力と悪の力とを内包している。従って、同一物の働きが、周囲の条件によっては、善の働きもするし悪の力の働きにもなる[5]。

善から悪への移行、悪から善への移行は、よく事物を観察すると、よく生じるこ

とである。

或る信者の子供が、生まれつき頸の骨がズレていて、よく風邪をひいたり、頭痛がしたり、鼻血が出て困っていた。或る日、階段を四、五段落ちた。ところが、ズレていた頸の骨（頸椎）がコツンと音がして、正常になった。七、八段上から落ちたらどうなったか解らない。これは、落ちてより悪くなるかもしれないことが、良くなった例である。悪いことになるであろう動きが、善いことを生み出した。悪が善に変わったとも言えるであろう。

最近の例は、善意が悪結果を生み出しそうになった話しである。Tさんが私どものアメリカ滞在中の手伝いについて来てくれた。観光も兼ねてである。ハワイの空港で、「観光だから向こう側のイミグレーション（入国審査）の方へ行くように」と伝えたので、Tさんはそちらへ行きつつあった。妻や私はアメリカの永住権をもっているので、観光とは違う入国審査の所である。妻の股関節が悪いので、日航のスタッフが車椅子で押してくれていた。親切な人で、私どもと同じ審査の方へ来ると、Tさんの審査も長い行列を待たずにすぐすむと思って、Tさんをわざわざ呼びに行ってくれた。私どもの手続きが済んで、係官がTさんに英語で「何の目的でアメリカへ来たか」と聞くので、私が「半分は観光、半分は家事の手伝い」とTさんに代わって答えた。すると、「アメリカでの労働許可のビザがない限り家事の手伝いは違法だから、入国させられない。すぐに日本へ送還する」ということになり、別室でさらに上役が事情聴取をすることになった。私がついて行こうとしても、来てはダメだと言うので、税関の所で一時間も待ったが、戻って来ない。妻が日本の領事館に電話をかけて相談した。領事館の人は、「手伝いと言ったら先ず許可してくれないでしょうが、共同生活の助けあいということで頼んでみましょう」と言ってくれた。私も、Tさんがどうぞ無事入国できますようにと、入国審査官の上役に思念を送って頼んだ。さらに一時間後にやっと入国を許可された。許可の条件は、「一切、手伝いをしない」という条件である。無事に入国できてよかったが、これは日航のスタッフの善意が思いがけない結果を生み出しそうになった例である。

このように、この世の中の物も心も善と悪のバランスの上で、善の力が優位にある時に物事が成立している。善意があっても、条件次第で、物に対する智恵の不足（上の例では、私の移民法に対する無知、日航のスタッフの私達がどういう関係にあるかを知らない無知）や、周囲の事情についての正しい包括的判断に欠けると、正しく物事をコントロールできないで悪果につながっていく。

この世での善悪は相対的であり、善が悪へ、悪が善へと移行しうる。

(3) 善悪が相対的なものにすぎないのなら、人を害してもいいか

悪人、すなわち魔の虜になっているのにそれが解らない人間は、その人間を殺せば、魔の虜の状態から目覚めさせ、救うことになるという極端な理屈を言う人もいる。

しかし既にみたように、全ての宇宙、自然、人は、神の愛（善）の力、つまり一切に秩序を与えて形成し存続せしめる愛の力なしには一切のものは成り立たない。

神の愛は、一切を成り立たせて存続せしめ、幸せにすることにある。この存在を害し、殺すことは、神の愛の原理による創造、平和に対する大いなる反逆である。人間に限らず、一切の存在を調和の内に存続せしめるのが、神の理法、天地の理法である。

宇宙の生死、人間の生死は神によって決められるもので、人間や超能力で左右すべきものでない。カルマの世界に住む者は、人を害することによって、己もまた因果応報の法則によって自ら罰せられ、永劫の苦しみを受けることになる。多くの心霊相談を通じて、人を殺した者は霊界で無限の苦しみを自らに招くことになることを多くみてきた者として、厳重な忠告を与えたい。

(4) 人の世の道徳は相対的なものである

各民族間の宗教の違い、文化、思想の違い、道徳の違いは、どのような自然環境で、どのような生き方をしなければならなかったかという、人間の生き方によって違ってくる。

砂漠では水がない。水がなければ人は生きることができない。穀物も少ない。オアシスや、雨が降って草の生えた所を動物が移動するのを追って狩猟をし、動物を食糧とするのが狩猟民族である。彼らは、井戸を掘るのも、狩猟をするのも、多人数で共同でしなければ生きてゆけない。部族の長の権力は絶大なものでないと、砂漠の狩猟民族は集団、共同体としては纏まらないであろう。狩猟民族から牧畜を主とする牧畜民族になっても、事情はあまり変わらない。自然環境の厳しい砂漠では、人びとはその日その日を暮らすのに懸命であり、食糧がなくなり、人口勢力が減少すれば当然、生きるために他の部族を襲い、食糧を略奪し、女を略奪し、男を殺すより仕方がない。負ければ、その部族が略奪され滅びるだけである。

このような生き方の下では、その共同体の中では、

① 人を殺すな

② 人の物を盗むな

③　姦淫をするな
④　嘘をつくな

という道徳律が厳しく守られないと部族共同体は成り立たない。民族神も他の部族の神を拝むことを禁じ、上の道徳律を神の掟として遵守することを命令する。神と人間とは主人と奴隷の関係である。このように、神、その代理としての部族の長に絶大な権限を与えることで共同体が保たれ、人の命も守られる。そこでは個人はなく、共同体の成員があるのみである。

これに対し、一万年ないし一万五千年余り前から農耕が始まった、アジアの、自然に恵まれ、雨はシーズン毎に降り、気候は温暖や亜熱帯である地域では、草木、穀物はシーズン毎に年に何回か再生し、水は豊富、地味は豊かである。このような所では、他の部族を略奪し、人を殺す必要はない。自然のシーズンの変化、土地の種類、作物の種類、肥料の種類を自然から経験によって習い、自然に従って生きさえすればよい。自然の大生命が繰り返し食物も水も与え、人間を育んでくれる。人びとは、人も物も自然も、自然の大生命の顕現として、人も物もその本質において同質のものと思い、自然に感謝し、山や川や木に宿る大生命力を神として祀った。

農耕の労働力は、家族と部落の人びとの協同で行なうことで足りる。そこでは家長の元で先祖の霊を祀るシャーマニズムが発達し、また、部族神を祀る信仰が共同体を守る道徳を作った。家長である父親と母親に孝行を尽くし、兄弟仲良く、部落の人びとはお互いに助けあうことに道徳の中心があった。砂漠の民族にみられる、人を殺すな、盗むな、嘘をつくな、という厳しい道徳律は、アジアの農耕民の間にはあまり見られない。

農耕民の間では家族共同体が生活の場であり、ここでも現代の西欧資本主義の下で発達した個人主義、個人の確立はみられない。人びとは家族の成員であり、部落共同体の成員である。

各民族は、どのような自然環境の下でどのように生き抜いてきたかによって、生き方、考え方、道徳、思想、文化が異なってきた。何れがよくて何れが悪いのではない。それぞれの違う生き方、道徳は、それぞれが生きるために最も適したものであったのである。

現在は人間の生き方が、科学技術の発達、経済・政治活動のグローバル化によって変わりつつある。

ソ連の共産主義の下では、人間は身体、社会性のみを認められた物質文明の下でのみ生きることを強要された。しかし心を認めない、個人の自由、個人の財産所有、信教の自由、魂の世界が認められない世界観の下では人間は生活できなかった。

現代の西欧の資本主義の下では、個人主義が徹底し、個人の自由、人権、私的財産の所有、信教の自由、民主主義政治、企業間の自由競争が認められ、資本主義経済と民主主義政治が今世界を席捲しつつあるようにみえる。しかし、人びとは物質主義に走り、個人主義に基づいた個人の権利を主張し、道徳を、人間の社会性を忘れつつある。新しいグローバルな道徳、砂漠の民の道徳と農耕の民の道徳とを統合する、地球社会の人類の道徳が今求められている。

この問題については後の章で述べることにする。

(五) 人はなぜ苦しむか

(1) 仏陀の苦しみ

仏陀が生まれた国は、相対峙して互いに争いの時を待っているマガダ国とコーサラ国という二つの大国に挟まれた小さな国であり、何時、何れの大国に併合されるか解らない不安定な状態にあった。その小さな国の王子として生まれたゴータマは、幼くして母を失い、叔母に育てられた。実母でない叔母に育てられる、人には言えない孤独感と苦しみがあったのであろう。その上に、長じては国政、すなわち大国に挟まれた小国の生き延び策に心を悩まし苦しんだのであろう。一方、王子として、王宮内では冬の御殿、夏の御殿に住み、王妃にラゴラ(息子)を儲けさせ、人間としては恵まれた生活をしていたのであろう。その王子が一度王宮の外に出ると、狭い道路には牛の垂れた糞が悪臭を放ち、乳児が道端の、牛の糞尿の臭う溝の上にカゴに入れられて泣いているのを見、道を通る老人（インドを初めて訪れた時、真っ黒で痩せこけて皺だらけの老人を見てびっくりした経験がある）の苦悩に満ちた顔を見、姿を見て、人びとの苦しみを身にしみて共感し、その後、なぜ人は苦しみ、老いさらばえるのかと、非常に苦しまれたということである。

自分の幼い時からの孤独、苦しみ、大国に挟まれた小国の苦しみ、人びとの病気の苦しみ、老いる苦しみ、死ぬ苦しみ等からどうしたら解脱できるだろうかというのが、仏陀の悟りを開こうと決心された大きな動機であった。

仏陀の教えの一つの柱に四聖諦がある。苦集滅道である。苦諦は人生は苦であるという真理、集諦は苦の原因に関する真理、滅諦は苦を滅した悟りに関する真理、道諦は悟りに至る修行法に関する真理である。

人生はなぜ苦の世界なのだろうか。苦とはいったい何であろうか。仏陀は、苦とは自分の思うように物事がならないことが苦である。他とは違う自分をもっているから苦しみが生じる。従って、自分を捨て、自分から離れた境地に至れば苦は消滅して悟りの世界が開ける。その、苦を消滅する道、修行法として、インドで古来から伝えられている、ヨーガで言うヤーマ（悪をしない）、ニヤーマ（善を行なう）、アーサナ（生命力、プラーナの流れをよくする体操）、プラナヤーマ（呼吸法、宇宙の生命エネルギーを吸取し、自己の内のシャクティ〈身体の根源力〉と合一させる）、プラティヤハーラ（心を内に向けて感覚を鎮める）、ダラーナ（チャクラ〈生命エネルギー、心のエネルギーのセンター〉へ精神集中する）、ディアーナ（瞑想、チャクラあるいは神と部分的に接触する段階）、サマーディ（神、創造神と一になり、神の意識＝超意識に目覚める）を仏陀も修行に入った最初は行ない、次第に独自の修行法をつくっていったものと思われる。八正道とは、正見、正思惟、正語、正業、正命、正精進、正念、正定で、口語に訳せば、正しい見解、決意、言葉、行為、生活、努力、思念、瞑想の八つの正しい道ということであるが（広辞苑）、「正しい見解」から「努力」まではヨーガのヤーマ、ニヤーマに当たり、思念、瞑想はヨーガのダラーナ、ディヤーナ、サマーディに当たると思われる。

仏陀は、自分の思う通りにならないことが苦しみであるという。小国の王子は、大国の間で自分の小国を維持することはなかなかできない。苦しみである。人びとが老い、病に倒れ死ぬのも、生に執着する自分にとっては苦しみである。この世は人も国も、動物も、生病老死を免れない、苦しみの世界である。これらの苦しみの原因は、他と区別される自己をもっているからであると仏陀は悟った。

この、他と区別される自己をもつところに、自己の思う通りに物事が運ばない原因があると悟ったわけである。

なぜ、他と区別される自己をもつ時、思うようにものが運ばないか。それは、銀河宇宙であれ、星であれ、人間、生物、石、岩、山、川、海、水、一つとして自分だけで存在しうるものは何もない。霊界も顕界（この自然の宇宙）も、それ自体では存在しない。全て存在するものは、大いなる宇宙から小石に至るまで、顕界から霊界に至るまで、全て共存して初めて存在しうる。

自分だけで存在しうるもの、自らだけで存在するものを自性という。従って、一切のものは自性をもたない、無自性のもの、互いに他との依存関係で存在しうるもので、自分が右へ動けば他はそれによって右か左か、上か下かへ動かされる。お互いにそのように依存関係、相互関係でのみ存在し、生きてゆける。従って、自分一人でこうしようと思っても、何もできない。そこに苦しみが生じる。

しかしもし自分の思うことが全ての人や物や自然に通じる普遍的真理であれば、自ずから自分の思うことは全ての人、物に通じて、物事が思う通りに成就する。この「自分」は、物の原理に従った個人主義の小さな自己でなく、神の愛と善に従って働き、全てを助ける愛と、全てに通じる智慧、真理に適った「自分」である。一切をその内に包みうる場所としての個と言えよう。

この場所的個は、一切の個を超えた場所としての存在を自己否定して一切を成り立たせ、場所としての自分の内にそれら一切を包み、生かし支えている。場所的個は一切の物、人間、自然を超絶した悟りの世界、一切の苦しみを消滅した世界に在ると同時に、その場所としての存在を自己否定して、一切の個的存在、人間、自然、物になって、それを調和と相互依存において存在せしめ、また、悟りの世界へ進化せしめるべく、個々の存在の内で働いている。この場所的個の悟りの世界に至れば、個として働き、場所として働きつつ、苦を離れている。苦しむことはない。

仏陀は、苦を超えたいと発願して悟りに至り、苦を超え、再び苦界に戻り、苦界にありながら苦を超え、そこに幸せと健康、進化をもたらす悟りへの道を人びとに教えたと思われる。

(2) 人はなぜ苦しむか

「(1) 仏陀の苦しみ」の項で述べたように、人びとを含めて全ての存在は無自性のもので、一人で存在できるものではない。それを人間が一人で存在できる自性のものと錯覚するところ、無知のところに苦しみの生じる原因がある。

人間は一人では生存しえないことは、少し考えてみると、自明のことである。

両親なしに生まれた人間は誰もいない。生まれてから、食物なしには生きられない。空気があって、酸素を呼吸して生命を維持しうる。宇宙があって、地球があって、陸地があって、水があって、生きてゆける。食物にしても、農家でない限り、農家の人びとの努力で出来た穀物、野菜を買って得られるものである。農家から食物を得るまでには、集める人、輸送する人、売る人、これらを成り立たせる経済組織、社会組織があって、食物を容易に手に入れることができる。手に入れるために、自分の仕事を通じて金銭を得てこれを買える。金銭を得るために働く会社、企業組織があって、給料を得る。一人でこれらのことをできるわけがない。

生きることとは、人間社会、自然の恵み、地球、宇宙があって、それらに依存して初めて生きることができる。人間が一人で生きることはできない。他の人びと、社会、自然、宇宙に依存して初めてその存在を維持しうる。

現代の人間は、工業技術の発達によって自然を征服し、地球を人間だけが自由に往来し、占有し、家を建て、田畑を作り、石油を掘り出してエネルギーに使い、海洋の産物も自由に採集して、人間はあたかも地球に君臨する王様のように、地球や他の生物を我が者顔に支配しているように思っている。

人間は地球上に王様のように君臨して、自然や生物を自由に使って、その結果、空気の汚染、水、海洋の汚染、排気ガスによる温暖化、人口の増加による、忍び寄る食物の不足、エネルギーの不足等、将来人口が百億になったら人類は生き延びられない危機が迫っているように思う。自然、地球との共生によって初めて生存できることを忘れた人間の、自然を自由に我が物顔に使ってよろしいという僭越な考えと行動によるツケが忍び寄ってきていると思われる。いずれは地球、自然と共存せずには生きられないことを思い知る時が近づいている。大きな苦しみが近づいていると思う。

人間の個人個人について言えば、既に述べたように、人は一人で生きてゆけない、無自性のものである。一人で何かをしようとしても、他に何百万、何億の人がいて、それぞれが争って成り立つ資本主義社会である。思う通りに事が運ぶことは困難である。ここに苦しみが生じる。

世の動きを先見して、たとえばコンピュータの時代にはインターネット社会となり、世界中の人びとが縦割りの社会組織に制約されることなく、自由に話し、金銭のやりとり、株の売買、品物の売買ができる、グローバルな社会が出来る、それには、コンピュータのソフトが必需品であると先見し、優秀なソフトを作り、多くの人びとに職を与えて、自らも世界一の大金持ちになったビル・ゲイツのような人は、一人の人間が将来の社会の動きをみて、人の役に立つことをした。人びともそれに従った。これは、創業の楽しい苦しみを味わいつつ、多くの人の役に立っているいい例である。しかし資本主義の下で互いに、能力、活動力、体力によって自らの仕事の成功を勝ち取ろうとする人は、絶えざる競争からくるストレス、それによる苦しみを常に味わっている。能力、活動力、体力で劣る人、続かなかった人は、敗者として敗北感と日々の生活に苦しんでいる。

これらは全て人間が互いに、他と異なる人間——個人主義的世界観に立つ限り、逃れられない苦しみである。仏陀が言うように、この世は苦の世界である。その原因は、「他から区別される人間」を人間と思う限り、避けられないものである。

どうしたらこの苦しみから逃れられるであろうか。仏陀のように究極の悟りを得ないと、苦しみから逃れられないのであろうか。

そうは思わないのである。

私の瞑想行による結果から得た人間観では、人間は身・心・霊より成る一全体である。身体は物であるから、他と区別される物である。自分の食べた食物が他人の身体の栄養にはならない。他と区別されるのが物である。これは物の原理である自己凝縮、自己保持の原理に従っているから仕方のないことである。たとえば、或る人のDNAは、他の人のDNAによっては取って代われない、独自のものである。

しかし、そのDNAももっと基本要素の立場でみると、炭素（C）、窒素（N）、水素（H）、酸素（O）、ナトリウム（Na）、カリウム（K）等の自然に普遍的な要素から成り立っていて、誰彼の区別なく共通である。

独自に見えるものも実は普遍的、基本的なものから成り立っている。心は身体との密接な相関関係において働く魂であって、脳の産物ではない（このことについては拙著『脳と意識と超意識』〈本山人間科学大学院日本センター　1997〉を参照されたい。種々の超常現象についての生物物理学的研究と脳神経生理研究に基づいて、心は脳作用の産物でないことを明らかにしたと思う）。しかし、身体（物）との関係において働く故に、個別的性質が強い。

これに比べて、魂のカラーナの次元では、その考えることが多くの人びとに通じる普遍性をもち、普通の人では個人的である感情も、他の人びととの共感として、他の人びとを助ける善と愛に基づいている。

このカラーナの次元の魂は、人間である以上誰もがその内奥にもっているものであり、単に個人的なものでなく、人間の基本的、普遍的存在である魂として、全ての人に通じる社会性、善意をもっている。ここでは、人間を他と異なる個人としてみるのでなく、人間を個人でありつつ、他と共生し共感し、共通の真理を分かち合える普遍的なものとして捉える、行動することができる。カラーナの魂では、他と自分を区別するために生じる苦しみは根本的には生じない。常に他の人びとと共生、共感し、普遍の真理を追求でき、実現できるのである。

カラーナの魂こそ、人間の良心の存在する所であり、人間の社会性、普遍性を実現し、社会を善くし、人びとと調和し、人びとを助けることができる魂である。世の多くの成功者は、このような人間の魂の奥にある良心と普遍的真理に導かれて、世の人びとのために働いた人であると思われる。

では、次の章で、人はなぜ善を行なうか、良心とは何かについて考えてみよう。

二　善と良心

(一) 人はなぜ善を行なうのか

人の善行を種々挙げてみよう。

(i) 卑近な例では、最近妻の股関節炎が進んで、歩くのに杖をついている。電車に乗ると、中年のご婦人、時には若い学生が少し恥ずかしそうにして席を譲ってくれる。「有り難うございます」と心からお礼を言って坐らせてもらう。私の若かった時にも、いいことをするのに、何か面映ゆい、恥ずかしい気持ちがして、席を立つのにちょっとした勇気が要ったように思う。今の学生も同じなのであろう。相手の困っているのを助けてあげるのにも、何かしら勇気が要る。

日本とアメリカの空港で、家内が車椅子を日本あるいはアメリカの航空会社のスタッフに押してもらっていると、日本人の集団行動とアメリカ人の個人尊重、個人の確立による行動との間にはっきりとした相違がみられ、日本の学生が席を譲るのに恥ずかしそうにする理由がうなずける。

成田に降りて車椅子に乗せてもらい、シャトル電車のドアの少し離れた横の方に日航のスタッフが妻の乗った車椅子の横に立っていた。シャトル電車がやってきて、ドアが開いた。日本人の列の先頭の人が、一瞬ためらう様子であったが、電車に乗ると、列に並んでいた全ての日本人がドヤドヤと乗って、車椅子の妻と私とスタッフは一番後で乗った。

アメリカでは、ハンディキャップの人がいると、誰でも先ずその人に先を譲り、後から自分が乗る。他の人びとも思い思いに後から乗る。列をなして集団では行動しない。アメリカでの個人主義の徹底は、このように個人個人が弱者を援ける行為を当然のようにする。個人の確立は、他の個人と争う面と、弱者を援ける面とをもっているように思う。

日本では個人の確立が少なく、常に他の人の行動、周囲の事情に気を遣い、本能的に皆と同じ行動をとろうとする。日航のスタッフの話しでは、先頭の人の行動で全ての人の行動が定まるという。先頭の人が車椅子の人に先を譲れば、後の人は皆それに従う。先頭の人が譲らなければ、誰も順番を譲らない。

このような人情、社会環境の下では、電車に乗っていて杖をついている人に自分一人が席を譲るには、無意識の内に周囲の視線、人びとの気持ちへの配慮をしなければならない。さらに、集団の中で一人で他と違う行動をすることに対する自分のためらい、それらを全て押しのけて席を譲るのにかなりの勇気が要る。中年のご婦人、若い学生さんに心から感謝したい。

アメリカでは、各個人が自分の意志で誰にも気兼ねせずに、杖をついている人に親切をする、助けてあげるのを当然のようにしてくれる。してもらった後、感謝と同時にさわやかな気分がする。周囲への気兼ねその他なしに、当然のようにできることによるのであろう。日本では後で何回も「有り難う」と心の中で感謝をする。アメリカでは thank you ですんで、有り難く受け入れて、それで済んでしまう。さわやかな気持ちが残るだけである。

アメリカは競争の激しい弱肉強食の観のある国であるが、住んでみると住み易い、さっぱりした国であると、アメリカに永く住む人は口々に言う。さもありなんとこの頃思うのである。

少し余談になったが、人に善を行なうには、個人の意志決定と勇気が要ることには変わりがない。

(ii) 最近、日本の若い人びとが貧しい国ぐにの人びとを助け、技術を教え、その国の人びとの生活を向上させるために、時には命の危険もあるのに出かけて行く。日本の国家もこれを援助している。人びとと国の善意である。

そこでは、土地の砂漠化を防ぐために植樹をしたり、農業の仕方を教えたり、医療を行なったりして、自然をも人をも助けている。

自然をも、貧しい人びとをも助けその生存を全うせしめるには、経済的な負担もかかるし、苦労、時には死ぬこともある。勇気の要ることである。

(iii) 日本の或る企業家であるが、一代で、数万人の人びとを雇い、年間で二兆円もの仕事をする大きな会社を創りあげた。その人は、創業の初め、「十何人の社員とその家族の命を預かっている。事業に失敗してその人達を路頭に迷わせてはいけない」と決心して、日夜、どうしたら事業に成功して人びとを養えるかを考えたと言う。社員とその家族の命を自分の命のように思い、それを養い、生存を全うせしめようとする善意がそこに脈打っている。事業が大きくなると、「今この新しい事業を始めるに当たって、この事業は社会の人びとの役に立つだろうか、人びとの生活を安定さすことができるだろうか」を毎日考えて、人びとや社会の役に立つと結論が出ると、その事業が成功するようにビジネスの面で綿密な計画を立て実行に邁進したと言う。その結果、多くの事業で成功している。

小さくは社員、大きくは社会・多くの人びとの生活を改善し、その存在を安定強固にしようという善意がそこに働き、それを実行する勇気と智恵をもっている。

これは菩薩行に値するものである。

日本に限らず、世界にはこのようなビジネスマンや政治家が必ずいて、社会が安定成長しているのだと思うのである。

(iv) 最近結婚した娘に子供（女の子）ができた。この娘は、男の子四人の中にできた一人娘だから、つい掌中の珠のように、目に入れても痛くないほどに可愛がったように思う。息子達が、父親の私に頼みたいのだが頼みにくいことは、妹あるいは姉である娘に頼んで、私に頼み込ませたとときどき言うのであるが、そんな依怙贔屓はしなかったつもりだが、子供たちの間ではそれが通っていたようである。

あまり可愛がりすぎたせいか、娘は息子達よりも気侭であったように思う。その娘が子供を産むと、まるで自分のことを忘れてしまったように、寝食を忘れて孫娘を育てている。心臓の中隔壁に小さな穴があるのかもしれない、心音が少しおかしい、と医者に言われると、自分の心臓に穴があいたかのように心配し、「神様に伺ってほしい。お父さんの霊力を送って治してほしい」と、親にねだることは相変わらずだが、そのひたむきな心根には「親だな！」と感じ入るものがある。

超意識で孫の心臓をみると、半年もすると自然に穴は塞がることが解るので、その旨を伝えると安心したようであるが、それでも絶えず気にしていた。半年ぐらい経った頃に、医者が「もう心音に異常はないし、レントゲンでも異常がない」と言ったので安心したようであるが、娘の様子を見ていると、あの気侭な娘が親になると我が身の弱いことを忘れて、寝食も忘れて我が子の成長、健康を祈り、一生懸命に子に尽しており、親こそは子に対しては神様のようであり、子の存在を全うせしめ成長せしめようとする神の愛と善意の権化であると感じるのである。

(v) 私は五歳ぐらいの幼少の頃から、二人の母(霊母と生母)に連れられて山に登り、瀧に打たれ、山のお堂に籠って一日、般若心経、大祓祝詞等をあげる神道の修行に励まされた。長じて二十四歳からヨーガのアーサナ、呼吸法、周天法、瞑想行をするようになった。ヨーガを始めて半年ぐらい経つと、それまでは毎年三月から四月にかけて、十九歳のとき受けた耳の手術の後遺症で目がくらみ(メニエル症候群)、吐き気がし、頭痛がして一カ月ぐらいは床に伏して起きられなかったのが、治った。

第二次大戦終戦後、高松(香川県)の空襲の後の、焼け野原に一軒焼け残った叔父の家で下宿して、師範学校に通っていた(二十歳の頃)。或る夜、二階の仏壇の所に女の幽霊が出てきて、或ることを告げた。恐ろしかったが、その夜勉強するべく、十二時に起きて、――叔父の家は四軒長屋の内にあったが、隣の老婆が朝六時から夜十二時までラジオをかけっぱなしにするのでうるさくて勉強ができない。そのため毎夜十二時から朝六時まで勉強した。で、その晩十二時に起きて、下のトイレに行こうと思って階段を下りかけると、幽霊をみた恐さが残ってぼんやりしていたのか、二階から下までドスンと落ちた。胸椎が痛くて立てなかった。ちょうど、胃の上部に神経を送り、胃を働かす胸椎の五～六に異常が生じ、その後、胃が常に痛んだり炎症が起きたりして困った。

以上のようなわけで、身体も虚弱となり、好きな研究や勉強も六時間をこえて長時間はできなかった。

それが、二十四歳でヨーガの行を始めて半年もした頃、クンダリニー（身体の根源的生命力）が目覚めて空中に浮いて超能力が目覚めてからは、限りなく生命力が充実し、夜も昼も勉強、研究に励んでも疲れることがない。精神集中が深く鋭くなり、それまで三時間もかかって読んだシェリング、ヘーゲルのドイツ語の本でも一時間もあれば読める。ギリシャ語の本も容易に読めるようになった。体重も六十キログラムぐらいから次第に六十五キログラム以上になって、生命力が体の底から湧き上がってくるように感じる。目に見えない昔のこと、人の前生、未来のことも解る。自分が何かしたいと思うと、自然に周囲の環境が整って思うことが成就できるようになった。ヨーガはなんと素晴らしい！と思うと同時に、このヨーガを皆に教えてあげたら皆がどんなに喜ぶだろうと、心の奥から、教えてあげたい、自分一人のものにしておくのはもったいないと思った。神の力、教えを皆に教えて皆が元気になり、生命を全うし、さらに霊的成長ができたらどんなに素晴らしいことだろうと思うと、いても立ってもいられないほど、皆に教えてあげよう、それが自分の使命であると心の内に強く強く感じた。

この、人びとを元気にし、幸せにし、さらに霊的に成長させようという神の愛に基づいた善意から、七星会というヨーガの会をつくり（昭和三十年）、人びとにヨーガ行を教えた。多くの会員は九十歳以上まで生きた。死ぬことを予期して自分の祭壇を作り、悠々と死んでいった人びとも多い。

次いで、宗教心理学研究所、根府川のヨーガ道場、国際宗教・超心理学会（ＩＡＲＰ）、南カリフォルニア大学院大学（ＳＣＩ）日本校、カリフォルニア人間科学大学院大学（ＣＩＨＳ）を創り、ヨーガ行と体験で得た智慧に基づいて本山哲学をつくり、ヨーガで体験した超常能力の科学的解明をし、鍼灸医学の経絡の解剖生理学的所在の発見等をなしえた。数々の組織をつくり、人びとを導き、学生を将来の地球社会の指導者にするべく大学院の教育も始めた。

ここには、人びとを心身において健康にするばかりでなく、その存在の本質、魂に目覚めさせ霊的成長をさせようという、愛と善意がある。神より与えられた愛と善意によって人びとを身・心・霊の全体において健康にし、霊的成長をせしめ、人間存在をその全体において完成せしめようと思うのである。これが神から与えられた私の役目、義務であると思っている。

(二) 善とは何か

(一)で述べたが、善とは、自然や人間の存在を全うできるように助けることである。さらに、人間が霊的に成長できるように、智慧と愛と善意と勇気をもってそれが成就するように行為することであると言えよう。

(1) 偽善と、ひとりよがりの善

或る人が、自分の会社の上司で心臓病の人が、よく胸の真ん中が痛くなる、それを介抱し、窓を開けて新鮮な空気を入れる、ニトログリセリン(心臓発作の薬)をもってきて飲ませる等、種々と親切にして相手の危機を助け、命が永らえるようにしてあげても、その気持ちの中に、このように親切にすれば昇進させてもらえるかもしれないという自己保持の欲が働いていたなら、それは不純な善である。一種の

偽善である。偽善では自己保持という物の原理が働いていて、真に相手の立場で相手を助ける愛の裏付けがない。自分を顧みない、相手を助けるだけの心の時、それは善意の行為と言える。

或る組織の中で、或る仕事を成就するのに会議が行なわれ、種々な議論が出た。その結果報告をその会議に出たスタッフ（A）に上司が訊いた。その議論の中で、無益な、あるいはその仕事を成就するのに害になると思える発言があったのを聞いて、「それは誰が言ったのか」と上司がAに訊いた時、「それは言った人を守るために言えない」とAは答えた。上の場合、Aはその発言者を庇う善意でそう答えたのかもしれないが、それは仕事の成就を妨げるものである。また、発言した本人も、自分の発言に責任がもてる正直な人でなければならない。Aがその発言をした人を庇う余り、上司に尋ねられても発言者を明らかにしないのは、その発言者の責任をうやむやにすることであり、その発言者に真に責任ある行為、すなわち、上司の前で、その発言内容が自分にとって不利であっても、仕事の成就のために必要であると自分が考えるならその理由を説明させる機会を与えないことになる。Aは真にその発言者を責任ある人間としないという点で、Aのとった行動は偽善であると思う。

善とは、或る人間を真に成り立たせ、成長させることである。発言者の言や考えが実際には間違いである、仕事を成就せしめない考えであることが上司との対話において明らかになれば、それだけ発言者は自己の無知を知り、成長することになろう。

発言者の考えが、上司との対話において、仕事の成就に役立つことが議論の末判明する場合もあろう。ところが、Aが、発言者が困るだろうと思って、その名前を隠して言わなかった場合、その正しい議論が上司には届かない結果になる。Aの、発言者のためによかれと思った善意は、物事を成就せしめない結果となる。もしAが上司に、「誰それがそれを言った」と言ったとしたら、その発言者に恨まれると思って発言者を上司に告げなかったとしたら、それは発言者を守るのでなく、自分を守るためであり、偽善である。このような人は、一見善意の人に見えて、世の中に混乱と問題を生ぜしめる人である。このような人が案外多いのは困ったことである。

最近の大都会では独りだけの孤独な人が多い。その人達がよくペットとして犬や猫を飼う。おいしいもの、人間が食べるようなものを食べさせて、猫は、ネズミを捕らない、骨のついた魚は食べられない。これでも猫か！と思うほどである。猫は元来夜行性の動物で、夜出歩いてその本領を発揮する。何キロメートルも先まで行って、夜を他の猫との集会に費やすのである。それが、マンションの一室に閉じこめられて外に出られない。猫も犬もノイローゼになる。

これらは犬や猫を助けるのでなく、犬や猫を人間が自分の思いのままにする独り善がりの善意であり、本当に猫や犬をその本来の姿で生かすものではない。

(2) 善とは何か

上述のところから、善とは、自らには何の善果も求めない、無碍無所得の神の愛と善に従って、助ける自然と人についての十分な理解と共感をもって、自然や人がその存在を全うし、さらに、人間が霊的成長をするように助けることが善であると言えよう。

人間が、たとえば黒人のキング牧師が黒人の悲惨な姿、白人との不平等を悲しんで、膚の色でなく、人間をその内なる心において互いに理解し、真に平等な人間社会をつくり出そうと訴え、黒人の社会的地位を向上させ（たとえば一九六二年になって初めて選挙権を獲得してアメリカ市民となった）、黒人を助けようとしたのは、自分のためではなく、「黒人を救う」という心の底からの良心のほとばしり、神の愛のほとばしりに従って行動したのである。しかし殺されることになった。心の奥からほとばしり出てくるのが良心の叫びであり、それは決して死を恐れるものではない。

この、多くの人びとを助けよう、その存在を全うさせよう、向上させようという良心の声は、全ての存在を無碍無所得の愛と全能の智慧と、必ず物事を成就せしめる創造力をもった神の働きが人間の魂の中で働いているからである。神の普遍的愛に基づいた普遍的善がキング牧師の魂の中で働き——これは全ての人間の魂の中で同じように働いている——、この神の働きに呼応した人間の魂の働きこそが真の愛、善の根源であると思う。

残念なことに今の世の中は、特に物質文明の進んだ国ぐにでは、資本主義の下で人間も社会も物化し、自己保持の物の原理に従い、自己主張、自己の財産の獲得保持に夢中で、人間の魂の本来の性格である、人びととの普遍的真理の共有、感情の共感、人びとと自分とが本質的に同質のものである、同じく神に創造されたものであることを忘れ、自分が一人で生きられると錯覚し、人を押しのけ、自分のみの物、財産を獲得保持し、人間を身体的存在とみなす物質観に支配されている。自分と人びと、自然との神の創造による同質性、平等性、普遍性に目覚めると、人間は自ら自然に対しても他人に対してもその存在と共に助け合い、互いに全うさせ、互いに進化させようとする真の善が目覚めるはずである。今の世はそれを妨げる方向に動いているが、必ずや、愛と善に向かう時が間もなくやってくると思う。それが早く実現するようにお互いに努力したいものである。

では次に、人間の善は心、魂の内にあると言ったが、善の心はいったい人間の心のどこにあるのか、良心の一般的特徴は何かについて考えてみたい。

三　善の心（良心）はどこにあるか

——善の心は神とつながっている——

(一)　良心は個人性と社会性を両立さす

人間は身・心・魂より成ると言ったが、その各々は個別性（個人性）と普遍性（社会性）をもつことについて考えてみたい。

先ず、身体について考えよう。

(1) 身体の個別性と普遍性

身体は約六十兆個の細胞より成ると言われている。これらの細胞を結びつけるのは結合織である。結合織も無数にあると言っていい。これらの細胞、結合織、さらに体液（血液を含む）の全ては、元素について言えば、窒素、炭素、水素、酸素、ナトリウム、カリウム、カルシウム、燐、鉄、亜鉛等から出来ている。これらはどの生物体にも共通普遍のものである。

ところが、これらの元素（原子）が分子となり、高分子となり、塩基となり、アミノ酸となり、ＤＮＡによって蛋白質をつくる段階になって、もう自分以外のどの生物体、人体のそれとは違う独自のものとなってくる。Ａという人のＤＮＡ、それによってつくられた蛋白質は、ＤＮＡと共にもう誰のものとも入れ替えはできない独自のものである。このように、身体も普遍性と個別性とをもっている。

では、心はどうであろうか。

(2) 感覚における個別性と普遍性

これは非常に客観的である。同じ赤い花を見ると、誰でも赤い花と知覚する。しかし、各人によってその赤い色の知覚が微妙に違うことが、各人の報告によって窺い知れる。普遍性が強いが、独自性もある。

(3) 感情における個別性と普遍性

これは非常に主観的、個別的である。感情とは、或る対象について知覚が生じると、必然的に直接心の中に生じる快・不快の気持ちである。或る人（A）は、くるくると空高く廻る観覧車を見て「愉快そうだな、乗ってみよう」と思う。他の人（B）は「あんな高く上って恐い。気持ちが悪い」と思う。一つの対象に対して全く快・不快が反対である。非常に主観的、個別的である。

では、感情は全く個別的かというと、或る人（A）と同じように愉快と思う人の感情は共通性をもっている。Bと同じように恐怖、気持ち悪いと思う人のグループは同じくその感情に共通性をもつ。ここでは主観的感情のグループ分けが非常にはっきりしている。感情は非常に主観的、個別的であるが、グループ分けしてみると普遍性がある。

(4) 理性における個別性と普遍性

理性は視覚を通じて知覚された認識の素材を言語記号によって概念化し、組み合わせ、思考し、知覚した物質現象の因果関係のメカニズムを考えて、一般的法則、さらには真理と思われるものを導き出そうと努力する。

聴覚を通じて、他人の話す一連の言語から相手の心の内容を理解し、そこに一連の考え、思想、想念を理解する。

数学的思考では、感覚、知覚によって把握された知覚内容を捨てて、事物をA、Bあるいは1、2、3という数学的記号あるいは図形に変える。あるいは、或る時間によって変化する動きを時間の関数として表わす等して、事物を或る抽象化された要素と要素の関係として、そこに一定の法則を見出そうとする。たとえば机と椅子と本がある場合、机、椅子、本という概念内容を捨てて、それぞれ一個のものと考え、三つのものがあると考える。（1＋1＋1＝3）という式で表わすのが数学であり、ものが何であれ、五つあれば（1＋1＋1＋1＋1＝5）となる。ここに加法の法則が成り立つ。

このように、物理現象あるいは心的現象の中に一般的法則を見出そう、普遍性を見出す働きをするのが理性である。しかし、理性の働きはその始まりにおいて具体的事象とつながりをもつが、感覚素材の概念化、概念の組み合わせの思考の段階では現実から離れて思考作用が行なわれるので、その結果見出された事象についての法則は現実に通用するかどうか解らない。そこで、科学なら実験によって、心的現象なら行動を通じて、あるいは他人との対話を通じて、自分の結論が現実と関連があるかどうか、正しいかどうか、確かめてみなければならない。

理性の働きは普遍的真理を求める普遍性に偏っており、且つ、現実離れ、バーチャル性をもっている。

では、カラーナの魂にあるといわれる人間の良心では、普遍性、社会性、個人性はどうなっているのであろうか。

(5) 良心における個人性と社会性との一致、両立

何か悪いことをしようとすると、心の奥から「するな!」という声が心の内に聞こえる。あるいは感じる。あるいは、人が困っているのを見ると、とんで行って助けてあげずにはおれない、内からの衝動を感じる。「助けてあげろ!」という声を感じる。

これらは全て、外界の対象や事柄にひきずられてコロコロ動いている心ではなく、心の内奥からその表面のコロコロ動いている心に呼びかける心である。これが良心であるが、既に述べたように、この人間の良心はカラーナの魂にある。

カラーナの魂は、一種の場所的存在としての心ともいうべきものであり、自己の

内に複数の人びと、自然等を包摂し、且つ、それらを超越している。それらを超越している在り方から、その在り方を否定して、内なる個々の人びとの心や身体や自然に下降し、その人びとの心、自然のものの内に入ってそれらを助け生かし、それらを進化の方向に向けて存在の進化をさすべく働く。自己の内に包む複数あるいは多くの人びと、自然を助け、存在せしめる時、それを決定する意志はカラーナ自身の個別的なものと言えるが、その個別的なものがその内に包む人びとや自然の全てに共通な普遍性をもつ。社会性をもつ。

ここでは社会性と個別性が一致、両立している。人間の心の理性、感情、感覚のように、普遍性に偏ったり個別性に偏ったりしないで、普遍性、多くの人びとに通じる社会性と、自らの意志決定という個別性とが分かれることなく一致、両立している。

また、カラーナの次元の魂は全ての人間存在の本質であり、一人の人間存在を身体的にも精神的にも人間として成り立たせる根元である。「人間そのものの魂」と言える。

この魂は、物理的次元の身体や、それに相関して働く心とは違って、それらをつくり出し、それらを支え生かすことにおいてそれらと共働しているが、カラーナ次元の魂としてこれらを超えている。そして物理的次元の心身をコントロールしている。従って、物理的次元の心身が、人を害する、社会を害する悪いことをしようとすると、「するな!」と命じ、人や社会を益する善いことをしようとすると、それを元気づけ、励ますのである。

このカラーナの魂は物理的次元の時間・空間の制約を受けず、物理的法則を超越している故に、物理的時空を超えて存続しうる。肉体の死後も存続しうる。その認知能力は感覚器官に頼らないで、精神の認知能力つまり知的直観によって、人や自然、物の状態、在り方、内容を直観する。たとえば神奈川県にある大山の麓の伊勢原市出身の婦人について、感覚を通さないで、その亡き父親のこと、四百年前の武田の武士の、息子への憑依をみることができた。その前で人は嘘をつくことはできない。

また、物理的次元の心身のように、手足を使って物を動かしたり、物理的手段を使って物に働きかけることはない。精神の力で物の存在様式を変えたり動かしたりできる。たとえば私がヨーガ行をして半年後にクンダリニーが目覚めて上昇すると、身体が宙に浮いた。これもクンダリニー（身体の根源的物質力）をカラーナの次元で目覚まし、物理的重力をこえて、身体を反重力の方向に動かしたのである。人間の存在は本来、物理的次元の存在、心身だけでなく、物理的次元を超えた魂の世界にも同時に存在し、魂の世界をその本質としてもつものである。この魂の世界に社会性と個人性が両立する良心がある。

では次に、良心は魂の内にあると言ったが、それを確かめるために、上述の、良心の特徴、能力が脳、感覚、感情、理性等の内に見出せるかどうかをさらに検討してみよう。

(二) 良心はどこにあるか
――良心は神とつながっている――

(1) 良心は脳の中にあるか？

最近の脳神経生理学的研究（アントニオ・R・ダマシオ、アイオワ大学）によると、前部前頭葉の外側腹内側核に損傷が生じると、人間の社会的行動に変化が生じたという。例えば「何が良くて、何が悪いかを、自分自身の利害から決めることができない。社会的に適切なことの感覚が欠ける」「決定や組織化の能力は、自分自身の規範からみても周囲の人の規範からみてもすっかり不十分なものになっている」「金銭面での決定はでたらめである」、しかし「知的な面での多くの特徴は全く変わらない。相変わらず非凡である」（『倫理は自然の中に根拠をもつか』ジャン＝ピエール・シャンジュー監修　松浦俊輔訳　一三二頁）。

以上のように、前部前頭葉の外側腹内側核に損傷が生じると、社会的行動に変化が生じる。従って、この部位と社会的行動との間に密接な関係が考えられるという。最近の脳神経生理学には、脳と心の関係について二つの意見がある。

① 心的機能は全て脳の神経作用に還元される

② 脳と心は本来別のものである

という意見である。私は②が正しいと思う。その理由を次に述べよう。

① 脳神経生理学で対象としうるものは生物物理学的現象である。たとえばホースラディシュ・ペルオキシダーゼを特定の神経細胞の軸索に注入すると、神経繊維の逆コースを辿って、特定の神経細胞の分布を明らかにできる

② 或る精神作用をすると、特定の脳部分に電気的興奮、分極が生じる――脳波、脳磁測定による――

③ シンチグラム等を用いて、或る精神作用の下では特定の脳部位の血流量が増加することを測定する

④ＭＲＩ（核磁気共鳴測定器）、ＣＴスキャナで脳の構造が解る
⑤或る部位を除去、損傷すると、特定の精神作用に変化が生じる（ダマシオの例では、前部前頭葉外側腹内側核の損傷が社会的行動に変化を生ぜしめた）

以上のことは、脳神経生理学的研究で直接解ることは、
①脳神経細胞の分布、構造、電気的変化、血流量変化、脳部位損傷等が解るだけで、心の内容、心の作用は対象とできない
②或る脳部位の生理的変化と特定の精神作用との間に或る関係があるということだけである。従って、前部前頭葉の上記の部位に、社会的行動をせしめる、あるいは良心が存在すると言うことはできない。

次に、私達が超常現象（超感覚的知覚、念力）について生物物理学的研究をした結果、心は、
①感覚や物理的手段を使わないで、直接に、物、心の内容を認知しうる
②直接に、物理的現象を変化せしめたり、生ぜしめたりできる

③ 物理的次元の時空に制約されないで存在し、働きうることが証明された[6]。

これらの研究から、心は脳に依存して存在しうるのではない。脳の働きの延長ではない。脳から独立に存在し、存続しうるもの（魂）であることが判明した。従って、脳の特定の部位に良心があるとは言えない。特定部位と意識的次元での良心の間に相関関係があるとは言える。

我々が知っている心、意識は、魂が脳との共働において生じるものであると考えられる。従って、脳との共働で働く限りの意識は脳神経細胞の生理的条件に左右される。たとえば覚醒時には意識が働くが、睡眠時には働かない。これに対し、魂は霊体をもつが、肉体をもたないから、肉体の生理的条件には左右されないで、霊体との関係で働く。霊体は肉体と違って、魂の意志通りに働くから、物としての肉体の意識に対するように、魂に対して独立性が強くない。

(2) 良心は感覚に具わっているだろうか

感覚は、脳神経系、感覚器官との共働で知覚を生ぜしめる意識（心）の働きであり、主観的認識のための素材を提供するものであり、主観的認知作用とその結果であるにすぎない。ここには、悪を憎み、善を勧める良心は見出せない。

(3) 良心は感情に具わっているか

感情は、或る対象について知覚が生じると必然的にそれに伴って生じる心情であり、自分に好ましいものには快を感じ、自己に好ましくないもの、敵するもの、自己を害するものには不快と恐れを感じる。対象に対して生じる非常に自己中心的、自己保全的心の反応である。

これは非常に自己中心的なものであるから、良心の所在ではない。なぜなら、良心は他を助ける意志、愛を基盤とする社会性をその特徴とするものであり、自己中心的快・不快の感情の内には、他を助ける善をなす社会性は認められない。

(4) 科学的理性は良心の住処であろうか

物理的現象のメカニズム探究に終始する科学的理性は物のメカニズムの探究が全てであって、そのメカニズムを推理し探究する自らの心の働きについては何ら反省することがない。科学的理性、科学者は、物のメカニズムを探究する自らの心そのものについては何ら探究の目を向けない。言うなれば、科学は、心不在の、物の科学である。

単なる物的対象についてのメカニズムを考えることに終始する科学的理性には、良心はない。善悪を判断する能力はない。

(5) 共感は良心の住処である

共感は単なる自己中心的快・不快を基盤とする感情ではない。他人の思念、気持ち、感情をその他人の立場に立って理解し、共に感受することによって共感（一種の社会性、普遍性）が生じる。従って、共感は単なる主観的自己中心的な感情でなく、自己を超え、他を理解し、それと共生し、そこに生じる自他を包む感情である――社会性を基盤とする普遍的感情――。

その土台には、他を他の立場で理解する、他を包む立場での認識があり、人を助ける善を共感して喜び、それを勧める積極性がある。これは善なる行為を推し進める創造性をもつ。存在論的にみれば、自他を包む一種の場所的存在となっている。

この共感の生じる場所的存在は良心の住処であるように思える。

(6) 良心は人間の魂の内奥に存在する

上述の如く、良心は感覚、知覚する心、感情の心、科学的理性の内には認められない。言うまでもなく、資本主義、個人主義の下で自己の利益のみを追求する個人の心にも、企業の心にも、良心は認められない。

「悪をするな！　善をなせ！」という良心の叫びは、人びとを助け、仕事を通じて人のために働く、社会を秩序と調和と愛をもって維持しようとする心から発するものである。

この心は、自己をも、人、自然をも、愛と智慧と共感をもって支え生かす心である。

そこでは人も自然も共に共存し、共生できる世界（場所）が開けてくる。

そこは単なる個人の心ではなく、人も自然も自分も共存できる世界そのものの心である。これを「場所的心」と呼ぶことにする――個人性と社会性の一致――。

この「場所的心」は、人間の心の根源である魂の世界（カラーナの魂）に外ならない。一切を創り、愛と智慧と創造力で一切を生かし支える、普遍的神とつながりをもちうる心、魂である。現代人は資本主義体制の下で物化し、科学技術に支えられた豊かな物質的生活のみを追い求め、利用している。外の世界である物、身体に目を奪われ、自らの存在を成り立たせている自己の存在の内奥にある魂、良心を忘れている。

これでは人間はいつかは滅びるであろう。というのは、物の豊かな生活を追い求め、自らも金銭で換算される物に化した人間は、物の原理である自己凝縮、自己保持とエントロピーの増大つまり崩壊の原理に、自らを委ねているからである。

目を開いてみると、人類は既に崩壊の淵に立っているとも言える。即ち、物、地球資源は有限であるから、科学技術、医療技術の発達で人口が増え、食糧不足、エネルギー不足、人口増加による土地の不足、空気、海の汚染が現在到来しつつある。人類の崩壊の兆しが少しずつ迫っているように見える。これを切り抜けるために今の人類に必要なのは、人や自然、地球と共存共生できるために、自らを知る、つまり人間の有限性、無自性を知り、他人や自然があって生きることができるのであるから、自然を道具、生活の糧とみることを止めて、同胞として共存できるように自らを自制し、物質的豊かさのみを求める愚をしないで、「足る」を知ることが大切である。衣服に奢らない、腹八分、住むに足る家で住み、心を無限の深さ広さに進化させ、「場所的心」に至り、人や自然と共生して、良心をもって秩序と調和のある社会を維持し、そこで自らの個人性を両立さすことがこれからの人類にとって必須のことである。

(7) 良心に具わる善の規範は、神、創造神の先験的、普遍的な善のイデアに基づく

一切を愛、智慧（イデア）、善によって創造し、それらを支え生かし、一定の秩序の下に生かし、人間の社会をつくり、さらにそれらをより高い魂、神の次元に進化発展せしめる神、創造神――神と創造神との関係は、創造神が自らを「純粋精神、神」と「原物質」とに分け、自己なる神の愛、智慧、善と創造力とによって原物質に働きかけ、その（原物質の）内なる精神の芽に神の愛、善、智慧の力を与えて、原物質の内に徐々に秩序に基づいて素材の形成を行なわしめ、宇宙の始まりと進化が生じたと思う(7)（これは私自身の超常的能力による体験に基づく）。従って神は、創造神の純粋精神の部分である。この創造神が純粋精神と原物質とに自己を分けるということは、創造神が純粋精神と原物質とを包む統合した存在次元から、神（純粋精神）と原物質の次元に自己否定をして、神と原物質とになったということである。

神（純粋精神）が原物質に働きかけ、原物質のうちの精神の芽に入って、それに秩序に従った形成力を与えて働かしめ、神のイデアに従った物を形成せしめるのも、神が神の次元の自己を否定して物の精神の芽に入り、それに即して働くということである。

このようにして宇宙における進化が始まり、物の精神の芽は無機の自然物から生命のある生命体、さらには植物、動物、人間の精神にまで進化した。

人間の精神にまで進化した物の精神は、依然として物の原理である自己保持に従う故に、他から独立した身体をもってのみ自己を保持し、存在しうる。しかし動物と違って、現在ある自分を反省できる。現在ある自己を超えて、外から自己をみることができる。そこで他の人との繋がり、自然との共存を自覚しうるまでに至った。他の人びとに共感をもち、他を理解し、社会を形成しうるに至った。

自己を離れて、自己から自由になった、そこで初めて必然的に自己を保持するのでなく、他と区別される自己を、自己から離れて自由性をもって自覚し、個人の魂の確立ができた。そこでは自由な立場で、自己と他の区別と、自己と他の共通性とを自覚できるようになった。

動物のように必然的に自己を保持する、種の保存を行なうのでなく、自己を離れて自由な心で自己を見、自己を確立できる魂になって初めて、物理的時空の制約、物理的次元の必然性から脱することができた。この人間の心になって初めて、死後も存続し、個としての魂を保持できるようになった。

では、霊界での魂は完全に必然性の因果法則から解脱したかというと、人間の魂はまだ依然として、個の確立はできたが、自己の保持という物の原理からは脱していない。従って、個としての自己の存続のためには身体性（自己保持性）を必要とする。それが霊体を生み出し、それに依存して存在している。しかし霊体、霊の世界の自然は、物理的次元の物のように、物の心に対する独立性が強くなく、魂の思念、形成力のままに従う。そして、物理的次元の時空や必然性に制約されない魂の状態（たとえば内向き、外向き）によって、霊の世界の時空はゼロになったり無限大になる。

この世の身体をもった心は、心で外界の物に「動け！」「Aの状態に変われ！」と思っても何も変わらないが、霊の世界では、霊界の物を容易に心の思念力によって変えることができる。霊界の物は精神化された物であり、心はより自由な魂である。この魂は、物理的次元の物に対しても人間の心に対しても影響力をもつ。霊界と物理的世界との間には密接な相関関係、車の両輪のような関係がある。しかし霊界は、物質界がなくなっても、存続しうる。

さて、人間の魂の内に良心があると言ったが、この良心の本質である魂は、神の超越的愛、智慧（イデア、彼岸の智慧）、善——これは人間社会の善悪を超越した絶対の善である——を感得し、それに従って、神の愛、智慧、善を、身体との共存によって働いている意識に愛と智慧を与え、善を行なうように働きかけているのである。それが人間の意識には直観的智慧となり、人への愛となり、善への意志となるのである。

従って、良心の善の規範は神よりくる普遍的先験的善の写しである。しかし、神が或る民族にその超越的普遍的善を実行せしめる時は、その民族の生存を助けるように、その民族の生活習慣に従った形に絶対的善の自己否定を通して調節して、それを魂の良心に伝え、実行せしめる。ここに神の偉大な、超越的、しかも自在な愛と善の力がある。ここに各民族の道徳の各項目に違いが生じる原因がある。しかし、各民族の道徳の項目をさらに推し進めて深く探究すると、違いをこえて共通普遍な善のイデアが明らかとなる。

善とは、人を助け、社会を平和に維持し、人間の魂を霊的に進化成長せしめるところにその本質がある。この本質的善を、個々の民族の生活習慣に合わせて具体化するところに、各民族の人びとを幸せにし、社会を安定させる、生きた道徳項目ができる。

では次に、魂、良心に目覚めるにはどうしたらいいかの具体的な方法について述べよう。

四　魂、良心に目覚める方法

社会性と個人性を両立させる良心（魂）に目覚めるには、物の原理に従った自己保持のためにのみ働き、生きることを止めねばならない。そのためには「超作」と「瞑想」が非常に重要であり、この二つの方法を通じて、良心、魂に目覚めることができる。

㈠　超作とは

或る行為をする、仕事をする時、普通、人間はその行為や仕事を通じて自己に利益になることが結果として得られることを期待して、行為や仕事をする。その結果、行為の結果、自己の存在に益する結果を求める自分が常に在る。自己保持、自己利益追求の自己が決してなくならない。これでは魂に目覚めることはできない。物の原理に従ったこのような自己保持、自己利益追求の自己が先ず否定されなければ、魂の次元に飛躍できない。

超作とは、自己の仕事あるいは行為が人のために、社会のためになると念じて、結果は神に任せて、その仕事や行為に夢中になり、仕事そのもの、行為そのものと一つになることである。すると、行為、仕事の対象そのものが、その成り立ち、成就する過程を啓示し、それを行為を通じて直観することができる。これは行為的直観、仕事という働きの直観と言ってもいい。そして仕事が成功裡に成就し、人や社会の役に立つようになる。個人の行為が社会性をもつに至る。その理由は、行為、仕事の対象あるいは目的と一つになって働く、行為する時、自己と対象とが一つになった境地が開ける。ここでは自己をも対象（人であれ、物であれ、社会的目的であれ、何れでもよい）をも包み、それらを生かし支える、助ける存在、一種の場所的存在となっている。

N　ここでは、場所的存在としての個の思うことと念じること、行為すること（個別性）が、自己（物の原理に従った小さな自己）をも対象をも生かし支える社会性、普遍性をもつ。場所的存在では個別性と社会性が両立する。この場所的個は、魂の世界、良心の世界である。日常の仕事を超作することによって、誰でも魂に目覚め、良心を働かし、個人をも成功に導き、幸せにし、社会をも調和と秩序を保ち、活気ある、進歩する社会にすることができる。

㈡　瞑想

普通の人が日常の仕事を超作することは、言うは易く、行なうは難しい。超作を容易にし、且つ、それ自身でも魂に目覚める方法として瞑想がある。

瞑想をするには、人や騒々しい音に邪魔されない静かな場所を選ぶ。先ず、経絡体操、アーサナ等によって、身体の体液の流れ、血液の流れ、生体エネルギーの流れをバランスのとれた状態にする。次いで、宇宙に漲る神の気（エネルギー）を呼吸法によって吸い取ると念じて吸気をなし、この神気を、自分の中に生まれつき在る身体の根元的力（シャクティ、性力）と下腹部の丹田（＝スワディスタナ）で一つにする、つまり神の気と物の気を一つにして、創造以前の力、創造力に変える。

その創造力を、魂のもつ霊体の、精神的物質のエネルギー（サイのエネルギー）のコントロールセンターであるチャクラに、思念をもって集中する。このチャクラ（光の輪として見えるのでチャクラ〈光の輪〉という）は、魂の世界と物の世界とを結ぶ橋、仲介役の働きをする。従って、このチャクラに上記の創造力を集中してこれを活性化し、チャクラと一つになると、それを通じて魂の世界に飛躍できる。一種の場所的個になる。

すると、魂に目覚め、場所的個としての自分が思うこと、行為すること（個別性）が、場所的個としての存在に包まれ支配される物、人間、小さな自分（魂に目覚める前の、物の原理に従って生きていた自分）の全てに共通な理念となり、これらに善を行ない、社会を成り立たせる行為を行なわしめることになる（経絡体操、アーサナ、呼吸法、瞑想については、拙著『密教ヨーガ』『チャクラの覚醒と解脱』『現代社会と瞑想ヨーガ』他を参照されたい）。

瞑想を毎日三十分間行ない、心を清浄にして毎日の仕事で超作をすると、必ず、人間の心の奥にあって、その人間を創り導いている魂、個人をも社会をも幸せと進歩発展に導く良心に目覚める。魂、良心に目覚めると、個人の立場でみれば心身の健康、仕事（自己の本務）の成就、成功、心の自由、執われない心を達成し、社会の立場からみれば、秩序ある社会、悪のない社会、活気があって人びとを幸せにする社会をつくり出し、他の民族、国家の社会とも協調して発展し、人びとを霊的成長せしめる社会が達成されると思う。

人びとが瞑想と超作をぜひ実行するように念願して、筆をおくことにする。

（一九九九年八月五日　　マウイにて）

〔註〕

（1）玉光大神

著者が宮司を務めている玉光神社のご祭神。著者の教母本山キヌエ師が病のため母君に孝養を尽せぬことを嘆き、昭和七年二月、香川県小豆島双子浦の断崖より海中に身を投じられた時、陣の風と共に元の岩上に吹き上げられて次のご神言を戴かれた。『吾は天津神玉光大神である。今より五年の後天が逆さになるような戦があるので、それを救うために天下った神である。汝の母の信仰と汝の孝養に愛でて汝の命を助け、今より後は吾の代人となし、世を救わせよう。昭和二十五年には、元の平和な日本に戻るであろう。また、本来神には名前も位も不要であるが、玉光とは、汝に与えた吾の呼び名である。玉とは宇宙の王ということ、また丸い慈悲心を表す。光は神を、同時に智慧を表す。神に祈り智慧を磨き、世界平和の祈りのまにまに、深い愛の心で縁のある人々を救っていくように』（『宗教の進化と科学』一九三頁　宗教心理出版　１９８３）を参照して下さい。

（2）私が五歳の頃

一九三二年（昭和七年）、二月六日。著者　満六歳。

(3) 霊母

著者の法母、玉光神社教祖の故本山キヌエ師のこと。

(4) 実母

著者の生母、余島シズエ師のこと。

(5) 善の働きもするし悪の力の働きにもなる

人間の道徳の立場では、良心に従い、自分を含めて社会に調和と他の人びととの共存をもたらす行為を善とすると、その反対に、社会に不調和をもたらし、自己の利益のみを追求し他を害する行為を悪とする。善は、他との調和、社会に秩序をもたらす。悪はその反対で、無秩序と崩壊をもたらす。

この人間の道徳での善悪の根源を考えてみると、物の力や素材に秩序をもたらし、それぞれを存在として成立せしめる神の愛の力が自然をつくり、人間をつくり、自然や人間存在、人間の社会を形成保持し、秩序を与える。この神の愛による形成力は物を創り出す善の力であり、これに反抗して無秩序と自己凝縮をもたらす物の力は、存在を壊す悪の力と言えよう。

物理的宇宙、霊的世界と、それぞれの宇宙世界に存在する存在（自然、人間、霊）は全てこの二つの力、神の愛による善の力と物の無秩序、崩壊の悪の力とのバランスの上に成り立っている。

従って、あらゆる存在は、そのもつカルマによって、或る出来事が善果をもたらし、逆に悪果をもたらしうる、常に分岐点上にある。

ここで言っている善悪は、人間の道徳の世界での善悪より更に、存在の根源に基づいた善悪である。この善悪は、人間以下の存在ではカルマという必然的法則に従って働くが、人間では、良心という、必然性を超えた自由な心によって善悪が選択され行なわれるところに、人間の心による善悪が自然存在の善悪と違うところである（原註）。

(6) 証明された

本山博著『超感覚なものとその世界』「脳と意識と超意識」『神秘体験の種々相Ⅰ』を参照して下さい。

(7) 進化が生じたと思う

本山博著『カルマと再生』註37、41、『神秘体験の種々相Ⅱ』一二一九頁を参照してください。

【参考文献】

ジャン＝ピエール・シャンジュー監修　松浦俊輔訳
『倫理は自然の中に根拠をもつか』産業図書　東京　1995
小坂国継著『善人がなぜ苦しむのか　倫理と宗教』勁草書房　東京　1999
山口意友著『女子大生のための倫理学読本』葦書房　福岡　1997
本山　博著『密教ヨーガ』宗教心理出版　東京　1978
本山　博著『チャクラの覚醒と解脱』宗教心理出版　東京　1990
本山　博著『現代社会と瞑想ヨーガ』宗教心理出版　東京　1995

人間の健康

一　人間の構造

——身・心・魂よりなる一全体的存在——

(一) 身体（物質としての身体とエネルギー系としての身体）

(a) 形と働きをもつ物質としての身体

約六十兆の細胞（基本的にはそれらは分子、原子からなる）が分化して各臓器、組織となり、神経系によってコントロールされている。

(b) 生体エネルギー系としての身体

各臓器、組織に分化する以前、卵子と精子が結合し細胞分裂を始めた直後から、細胞と細胞を結び、細胞に養分と水分を送る結合織の中を流れ、生体が人間の身体としての形と機能を整えた後も、無数の結合織を通じて、神経系の支配を受けずに、自律的に各細胞のエネルギー代謝を生ぜしめるエネルギー系がある。中国医学はこのエネルギー系を十二経絡と八奇脈に集約する。経絡系は神経系とは異なる生体情報系として、生体のエネルギー次元で生体のコントロールを司る。

(二) 心

生まれて以来の心は、意識と無意識に大別される。

(1) 意識

或る対象について感覚器を通じて得られた情報が知覚となったとき、初めて意識が生じる。それ以前は無数の情報が各感覚器官を通じて同時に並列にインプットされ、それらが無意識の内に各感覚器官の多くのモジュール（異なる無数の信号の中の一分野の信号を処理する信号処理装置）で処理され、上位の各感覚野、各連合野で統合されて知覚となり、意識化されるが、いったん意識化されると、時系列によって一条の意識の流れとなって、知覚内容の概念化、概念の組み合わせ、思考（論理的思考、数理的思考）が行なわれ、理解、判断が生じる。さらに論理学、数学が形成される。他方では知覚のイメージ化が行なわれ、音のイメージの組み合わせで音楽、形、色のイメージの組み合わせで美術、絵画の世界が生じる。

(2) 無意識

(i) いったん生じた知覚内容、思考、判断の内容が記憶として保持され、無意識の内に貯えられる。これらの無意識内容は想起によって意識野に呼び起こされ、再び意識内容となりうる。

(ii) 生来、身体に具わる性的欲望、食欲、生への欲望は、元来、生体に具わる無意識的、自律的機能であるが、生理的刺戟、たとえば食欲について言えば、外界の対象、レストランの陳列棚のメニューによる刺戟によって空腹になる。通常は無意識の内にあるが、意識化される。

㈢ 魂

(1) 魂とは

魂は人間存在の内のノン・フィジカル（non-physical）な存在である。したがって、物理的次元の身体、脳、それとの連繫において物理的次元の時空に制約されて働く心、意識、無意識とは、その働き、存在性が違う。つまり、魂は物理的次元の時空に制約されないで存在し、働く。したがって、脳との連繫、すなわち脳という物理的空間（物質）と、その脳の働きが物理的時空に制約されて働く働きとの連繫において生じる意識にとって、魂の存在と、魂の次元の働き、記憶は意識を超越している故、宗教的修行や生まれつきの天賦によって魂に目覚めた人以外には、魂の存在、働きは意識化されない。

しかし、魂こそ人間存在の本質であり、人間の身体も魂によって形成され、心、意識は、脳、身体との連繋において働く魂にすぎない。魂は人間の身体を形成し、保持し、脳、身体との連繋において意識、無意識として働きつつ、同時にそれらの物理的次元を超えて、非物理的次元の存在、働きとして存在する。

魂の内でも、アストラル次元の魂はこの世への志向が強く、この世との関連において、この世と相互に作用し合いつつ存在する。原因身心（カラーナ）の次元の魂は、この世に一面において関連しつつ、他面ではこの世を超越して存在する。

次に、魂、ＥＳＰ、霊体のエネルギーセンター（チャクラ）、経絡の存在を証明する実験の一つを紹介しよう。

古来から、宗教的修行者によって、洋の東西を問わず、チャクラの存在と働きが体験されてきた。インドのタントラ及びクンダリニーヨーガではその説明が最も詳しい。私も、五十年に及ぶクンダリニーヨーガの実修、瞑想を通じて、チャクラの覚醒が人間の身心の健康、霊的成長に不可欠であることを体験して、すでに数万人の弟子を養成してきた。

通常、チャクラは七つあり、それぞれが相互に関係し合いながら、且つ、独自に身体的機能、精神的機能をコントロールして、身・心・魂の全体をコントロールしている。

各チャクラが目覚めると、身・心・魂にどのような変化と健康、成長が生じるかを概観しよう。

(a) AMI[1]によるチャクラの存在についての一実験

まず最初に、去年一年をかけて、チャクラは存在するかどうかを、AMIを用いて確かめる実験をしたので、それについて述べることにする。

(i) チャクラの透視能力、チャクラと経絡との関係

この実験では、先ず最初に、本山が、十人の被験者の各々を二メートル離れた所

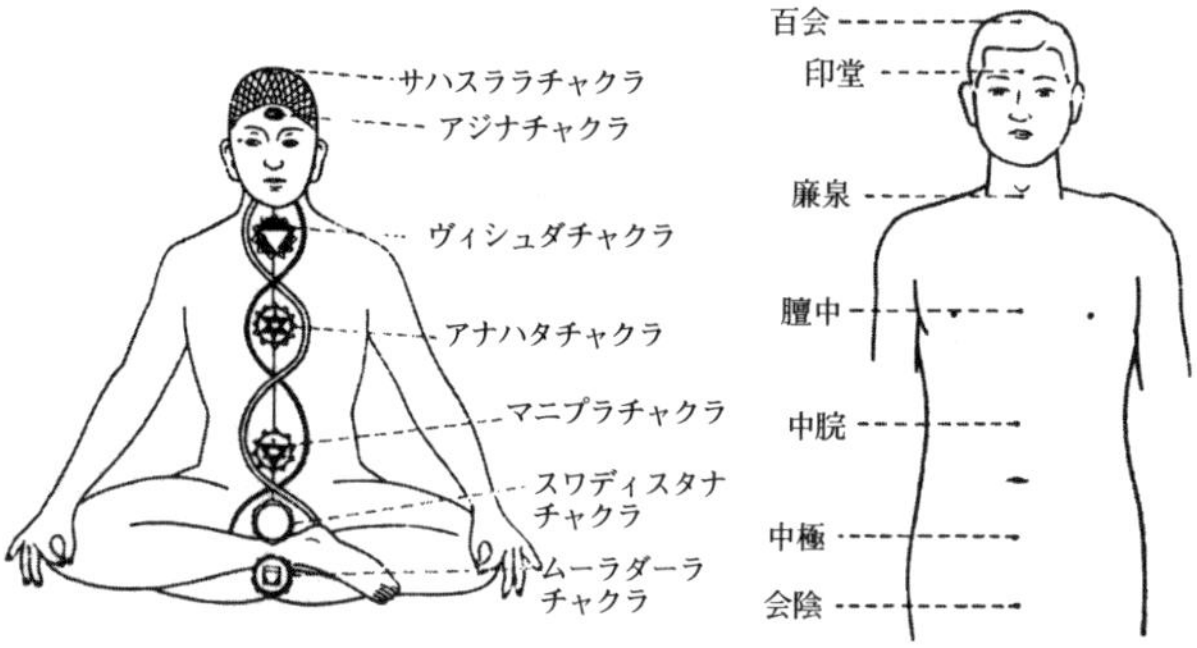

図１　チャクラと、チャクラに対応する経穴

に坐らせ、どのチャクラが動いているか[2]、どのチャクラが動いていないかをＥＳＰで透視をして、各被験者の動いているチャクラを判定する。このＥＳＰは空間や時間に制約されない。

次に、十四経絡を、毎日一回、五日間で五回、ＡＭＩで測定し、五日間の各データの内から、最虚[3]一〜三、最実一〜三の経絡のＢＰ値を選ぶ。

次に、チャクラ対応点（アジナ＝印堂、ヴィシュダ＝廉泉、アナハタ＝膻中、マニプラ＝中脘、スワディスタナ＝中極）（図１）の各々の上にＡＭＩの電極を置き、毎日一回、五日間で五回ＢＰ値を測定し、五日間の各データの内から最大値及び最小値を選ぶ。

アジナチャクラに関係する経絡として膀胱、小腸経、ヴィシュダチャクラに関係する経絡[4]として肺、大腸経、アナハタチャクラに関係する経絡として心、心包、膈俞経、マニプラチャクラに対応する経絡として脾、肝、胃経、スワディスタナチャクラに関係する経絡として腎、膀胱経を選ぶ。

本山が「チャクラが動いている」とＥＳＰで透視したチャクラに関係する経絡の井穴のＢＰ値が、最虚の一〜三位あるいは最実の一〜三位に入った場合、最虚の場合はそれと関係するチャクラ対応点のＢＰ最小値を選び、最実の場合はＢＰ最大値を選び、五回のチャクラ対応点のＢＰ値と経絡井穴のＢＰ値との間に有意な相関があるかどうかを検定し、有意相関の度数と無意相関の度数を求める。

次に、「動いていない」とＥＳＰで判定したチャクラ対応点のＢＰ値と、それに関係する経絡のＢＰ値間についても相関関係を求め、それらと、チャクラが動いているとＥＳＰで透視したチャクラ対応点と関係する経絡井穴のＢＰ値間の相関係数に関して、有意相関度数と無意相関度数を求めて２×２分割表をつくり、χ^2テストしてみると、〇・七パーセントの有意水準で有意差がみられた。

表１を見ると、「動いている」（タイプとされたケース）とＥＳＰで判定したチャクラ対応点のＢＰ値と、そのチャクラに関係する経絡井穴のＢＰ値との有意相関度数６は、「動いていない」（タイプ以外のケース）と判定したチャクラ対応点ＢＰ値

表B

タイプとされたケース		タイプ以外のケース	
有意度数	無意度数	有意度数	無意度数
0	1	0	2
0	1	0	1
2	1	0	1
2	0	0	2
0	1	0	2
		0	2
1	1	0	2
0	1	0	4
0	3	0	1
1	0	0	3
6	9	0	20

	有意度数	無意度数	
タイプとされた	6	9	
タイプ以外	0	20	

2×2分割表

観察度数

	有意度数	無意度数	合計
タイプとされた	6	9	15
タイプ以外	0	20	20
合計	6	29	35

検定の結果

自由度	1
χ2値	9.655172
P値（上側確率）	0.001888
分割表分析係数	0.464991
Φ係数	0.525226
イェーツの補正χ2値	7.04442
イェーツの補正P値（上側確率）	0.007951
フィッシャーの直接確率P値	0.003083
オッズ比	INF
χ2（0.95）	3.841455

表1
本山が或るチャクラタイプとしたケースの相関の有無と、同じ人のタイプ以外のケースの相関の有無
（表Ｂはデータ不足のケースを計算に入れずにした場合）

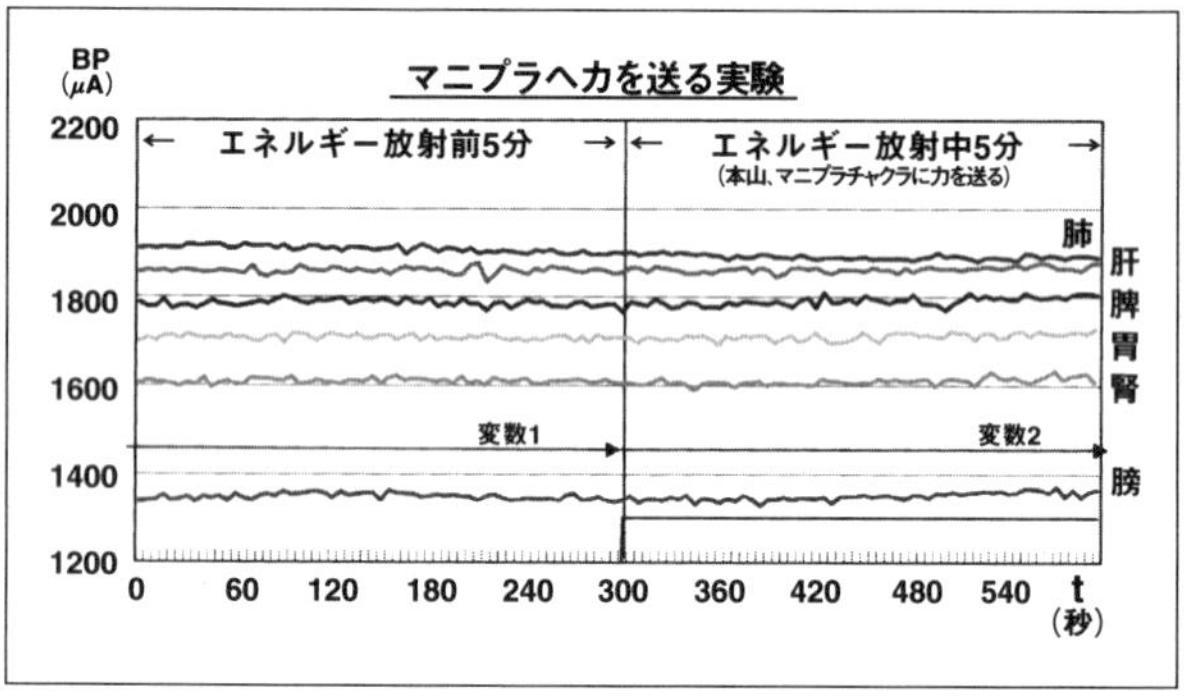

グラフ１

と、そのチャクラに関係する経絡井穴ＢＰ値との有意相関度数０に比べて、有意相関度数が有意に高い。

　このことは、

①本山のＥＳＰ能力が正しかった

②ＥＳＰ能力が存在する

③チャクラが存在する

④特定のチャクラと特定の経絡の間には相関関係がある

ことを示す。

(ii) ＰＫとチャクラ、経絡の関係

　次に、被験者Ｋ・Ｉについて、初めに五分間、何もしないで、マニプラチャクラに対応

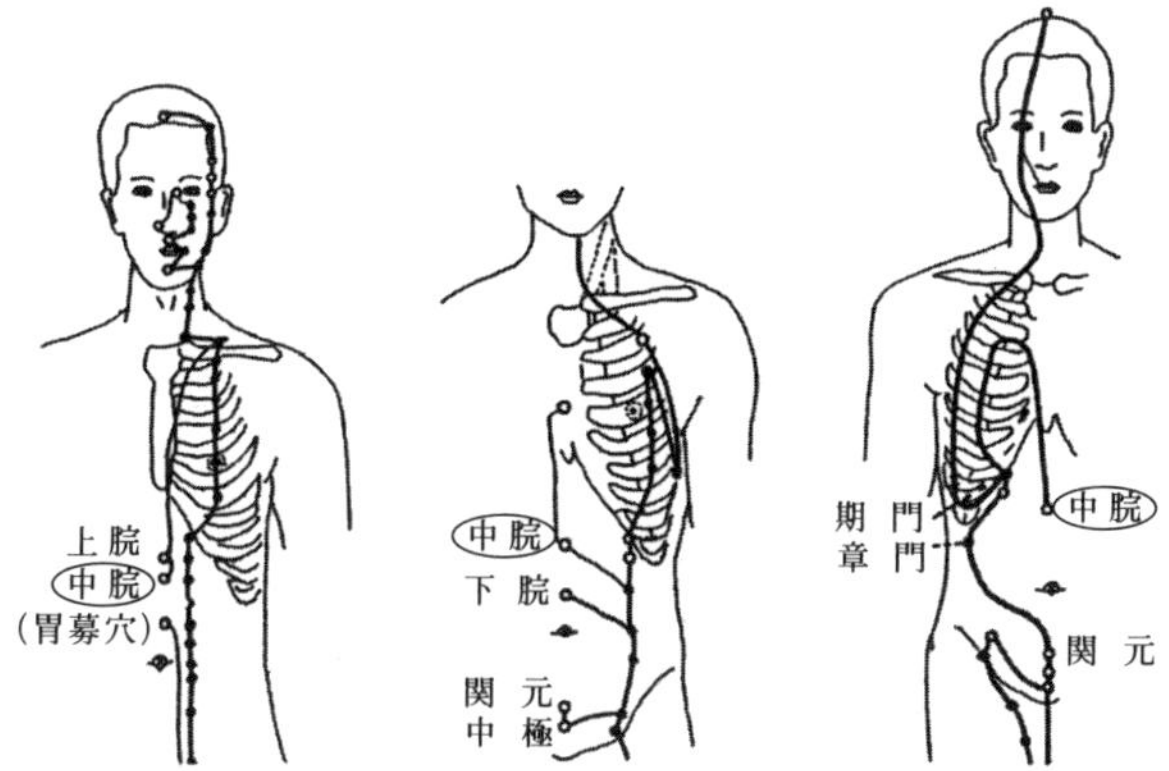

胃経と中脘　　脾経と中脘　　肝経と中脘

図2　中脘の図

する脾、肝、胃経、スワディスタナチャクラに対応する腎、膀胱経、ヴィシュダチャクラに対応する肺経の各井穴でBPを五分間連続測定し（コントロール）、次いで、本山がサイ（Psi）エネルギーをK・Iのマニプラチャクラ対応点（中脘）に五分間送る（グラフ1）。

そして、コントロールの五分間のBP平均値と、サイエネルギーを送った五分間のBP平均値との間に、有意な差があるかどうかをt検定した。

グラフ1を見ると、コントロール

時には、肺経のBP値が減少しているが、マニプラチャクラに対応する脾、肝、胃経、スワディスタナチャクラに対応する腎、膀胱経で変化はみられない。

本山が、マニプラチャクラの対応点・中脘（図2）にサイエネルギーを五分間送ると、マニプラチャクラに関係する脾、肝、胃の経絡ではBP値が増加している

t-検定: 一対の標本による平均の検定ツール

脾経

	変数 1	変数 2
平均	1785.881356	1790.220339
分散	50.27878434	101.2437171
観測数	59	59
ピアソン相関	-0.064390788	
仮説平均との差異	0	
自由度	58	
t	2.629005951	
P(T<=t) 片側	0.005472029	
t 境界値 片側	1.671553491	
P(T<=t) 両側	0.010944058 ←	
t 境界値 両側	2.001715984	

胃経

	変数 1	変数 2
平均	1708.237288	1710.898305
分散	33.04617183	62.71361777
観測数	59	59
ピアソン相関	-0.116488574	
仮説平均との差異	0	
自由度	58	
t	1.981857856	
P(T<=t) 片側	0.026120406	
t 境界値 片側	1.671553491	
P(T<=t) 両側	0.052240812 ←	
t 境界値 両側	2.001715984	

肝経

	変数 1	変数 2
平均	1858.677966	1862.389831
分散	48.04967855	39.82817066
観測数	59	59
ピアソン相関	0.089232079	
仮説平均との差異	0	
自由度	58	
t	3.186260247	
P(T<=t) 片側	0.001160718	
t 境界値 片側	1.671553491	
P(T<=t) 両側	0.002321436 ←	
t 境界値 両側	2.001715984	

2000/1/12

表２-１　マニプラチャクラへ本山が力を送る前と後のｔ検定

のがみられる。スワディスタナチャクラに関係する腎、膀胱経で、少しではあるが、増加の傾向がみられる。

表2-1を見ると、五パーセント～一〇・二パーセントの有意水準で、本山がマニプラ対応点・中脘にサイエネルギーを送ると、脾、肝、胃経でBP値が増加して

t-検定: 一対の標本による平均の検定ツール

腎経

	変数 1	変数 2
平均	1609.4	1610.316667
分散	35.66779661	70.52514124
観測数	60	60
ピアソン相関	0.117737826	
仮説平均との差異	0	
自由度	59	
t	0.730870964	
P(T<=t) 片側	0.233875303	
t 境界値 片側	1.671091923	
P(T<=t) 両側	0.467750606	
t 境界値 両側	2.000997483	

膀胱経

	変数 1	変数 2
平均	1349.333333	1349.833333
分散	50.56497175	89.8700565
観測数	60	60
ピアソン相関	-0.179436591	
仮説平均との差異	0	
自由度	59	
t	0.301852614	
P(T<=t) 片側	0.381912938	
t 境界値 片側	1.671091923	
P(T<=t) 両側	0.763825876	
t 境界値 両側	2.000997483	

肺経

	変数 1	変数 2
平均	1907.433333	1890.6
分散	49.16497175	25.63389831
観測数	60	60
ピアソン相関	0.215990853	
仮説平均との差異	0	
自由度	59	
t	-16.90913259	
P(T<=t) 片側	1.35024E-24	
t 境界値 片側	1.671091923	
P(T<=t) 両側	2.70048E-24 ←	
t 境界値 両側	2.000997483	

2000/1/12

表2-2　マニプラチャクラへ本山が力を送る前と後のt検定

いる。

表2-2を見ると、スワディスタナチャクラに対応する腎、膀胱経では有意な変化がみられない。

肺経は有意な減少を示す。肺経は、いずれの経絡あるいはいずれのチャクラ対応点にであっても、針刺戟であれサイエネルギーによってであれ刺戟を受けると、BP値の減少を示す。肺経は気エネルギーの流れる初発の経絡で、ほとんどの場合最実（気エネルギー過剰）であるが、生体のいずれの点に物理的刺戟等を与えてもBP値が減少する。これは他の経絡との気エネルギーのバランスをとるためであろうと考えられる。

本山が被験者K・Iのマニプラチャクラ対応点（中脘）にサイエネルギーを送った実験結果から、次のことが明らかである。

①サイエネルギーが存在する。これは空間（距離）に制約されない

②チャクラが存在する

③マニプラチャクラと脾、肝、胃経とは密接に関係している
④スワディスタナチャクラに対応する腎、膀胱経は反応変化を示さなかった
⑤時空や感覚に依存しない心の働き（ＰＫ、念力）――魂の働き――が存在する

(b)実験結果から

(a)の二種類の実験結果から、以下のことが明らかとなった。

①チャクラは存在する
②ＥＳＰ、ＰＫ能力が存在し、チャクラを感覚や物理的手段を用いないで、従って物理的時空の制約を受けないで、透視したり、働きかけて影響を与えることができる
③特定のチャクラと特定の経絡の間には密接な関係がある
④感覚や時空に制約されないで働く心、魂が存在する

(2) アストラル次元の魂

人間は死後、このアストラル次元の魂の世界に移行する。この魂は、人間の心（魂）の普遍的真理を求める働き、人間や自然を成り立たせる愛と智慧の働き、人間や自然を形成し保持する働きをする原因身（カラーナ）の魂の次元とは違って、人間の心の働きの内、感情、想念などの働きをし、利己的であり、生前のこの世での経験や欲望に執着が残っている場合が多い。したがって、この世と魂の世界との間を生まれ変わり死に変わりして往復するケースが多い。

このアストラルの魂の前生での記憶、想念、或るものへの執着、それに対する感情は強く、これらは再生後無意識の裡に現実の生き方、性格、体質（DNA）、好み、性別を定める。このアストラルの魂の再生後の身心に及ぼす影響は非常に大きいにも拘らず、通常意識化されず、アストラルの魂は深い無意識の働きとして現実の身心の働きを規制する――再生する限り、時空を超えて存続する個人的無意識――。

アストラルの魂に貯えられた前生の果が、再生後の現実の性別、性格、体質、能力を定めたのであるが、医学も科学も常識もそれを生まれつきのものとして受け入れるだけで、その原因を突き止めようとはしない。

前生の善行為の結果として幸い現在の身体、心共に健康である人も多いが、前生の悪行為（自己本位に自己の利益のみを追求し、他を傷つけるような行為）、あるいは、或るものへの執着の結果として現実に身体の慢性疾患、神経症、精神病に悩む人は、現実の医療を受けると共に、自らの前生の悪行為や執着の結果現在の身心の体質的病気に悩んでいることを自覚し、前生の悪行為によって苦しめた人びとへの謝罪、自分の或るものへの執着からの離脱などを神に祈り、現実の生活で自らの仕事を通じて人びとや社会のためになることを願って仕事に励むこと、及び、前生に由来する或るものへの執着が生じやすいことを自覚して、それに執われないようにすることが大切である。

(3) カラーナ次元の魂

私の神秘体験の内、自分の原因身、カラーナの魂との出会いにおいて、カラーナの魂は人間と動物の魂とを決定的に区別する魂であることを直観した。人間が行為し、あるいは思惟する自分の心をこえて反省し、自らを自覚し、それに基づいて未来を志向し、他人への共感をもちうる能力は、動物の魂にはないものである。この、人間の反省し今の自分をこえうる能力は、カラーナの魂に由来するものである。一般の人間は、このカラーナの魂をその根元においてもち、それによって身体をつくり、普遍的真理を追求する理性を具え、他人と共感をもち、社会を成り立たせる良心をもつことを自覚せず、ただ身体的次元での意識で行為しうるのみである。

しかし、瞑想行、断食行等を通じてカラーナの魂そのものに目覚めると、身体的感覚、アストラルの想念、感情を超克し、それらから自由となり、自然や人の心、身体の状態をありのままに直観しうる（意識のする、時系列に沿った思惟は必要でない）。自然や人や身体を自己の内に包摂し、自らの思念によってそれらを生かし、変化せしめうる。自分の考えることが他人と共生し、社会をつくる道徳の一つの原理となり、自然や人を生かす愛と智慧に満ちている。男女の性別をこえて、一種の普遍的人間性をもつ。

この魂に目覚めてはじめて、各民族性、各宗教の独自性を許しつつ、それぞれのもつ有限な枠をこえて平和な地球人類社会を築きうると思われる。

この魂には本来病気はない。したがって、人間の真の健康はこのカラーナの魂に目覚め、――あるいは未だ目覚めなくとも、愛と智慧と良心をもって人と自然を成り立たせることを念じて自らの仕事に励むことによって、身・心・魂の人間存在全体の健康を達成しうると思われる。

人間は単なる物質としての身体とそれとの連繋においてのみ働く心、意識とが全てではなく、非物理的次元の魂こそが人間の身心を形成し、保持する根源であることを自覚し、身・心・魂の全体において健康を保たなくては、真の人間の健康は得られない。

では次に、人間の身・心・魂における健康とは何かをさらに深く考え、それを得るにはどうしたらいいかを次に考えてみよう。

二　人間の身・心・魂における健康とは何か

㈠　身体の健康

卵子と精子の結合から細胞分裂を始めた細胞は、互いに自己と同じ細胞を細胞膜のレクチン等による信号受容体を通じて認識し、同じ細胞の集団が出来、外胚葉、中胚葉、内胚葉の三つの集団に分化する。

外胚葉の細胞は神経細胞に分化、進化し、中胚葉の細胞は腱、結合織、骨に分化し、内胚葉の細胞は各内臓を構成する細胞に分化して、有機的統一体としての生体を形成する。

各胚葉から分化した細胞は、各内臓組織を形成した後、一定の量に達すると自律的にその増殖を止めて、常に一定の量の細胞数よりなる各臓器、組織の機能と形態を保つ。

最近の研究では、上述の分化、進化は、細胞核のＤＮＡの四つの塩基配列の系にその秘密が含まれているという。或る学者は、このような巧みなＤＮＡの系と、それによる細胞の分化、増殖、一定量になると止まる、これらをコントロールする何かが存在するに違いないとして、それを「サムシング・グレート」と呼んでいる。

生体は常に細胞の分化、進化、増殖、一定量の保持というコントロールがあって一定の秩序を保ち、有機的統一体として生命を維持している。これをコントロールする当体は物質ではない。何故なら、物質は自己凝縮と無秩序への移行というのがその基本的原理、作用であるから、各臓器、組織にそれぞれ異なった機能を生ぜしめ、働かしめ、そこに常に一定の秩序を保たせ、且つ、各臓器、組織からなる一全体としての生体に全体的有機的統一を保たしめるものは、物質でなく、精神、魂である。

魂こそ、個々の存在（ここでは各臓器、組織）をそれぞれに形成し、それを機能せしめ、且つ、その全体に秩序を与え、有機的統一を生ぜしめるものである。ここに身体の健康がある。

この魂の統一力が衰え、各臓器、組織及び全体を有機的に統一することができなくなるとき、癌細胞のようなものができる。癌細胞は、肝臓にできても、腎、胃など何れの臓器、組織にできても、一定量に達しても増殖を止めることなく無限に増殖を続け、他の正常細胞と共働して各臓器を機能せしめるのでなく、常に他を殺して自己増殖を続け、生体全体の秩序を壊し、死に至らしめるものである。これは魂の原理（愛、秩序、形成力）の衰退に応じて物の原理が細胞を支配するに至った結果である。そこには死があるのみである。

これに対し、前生のカルマの果として一定の臓器、組織に機能欠陥が生じて生まれた人は、生体全体の有機的統一が損なわれる。前生のカルマの果による慢性の病気その他は、常に不健康（有機的統一の不完全性）をもたらす。

身体の健康は、魂による生体全体の有機的統一が完全であるとき健康であり、不完全であるとき不健康となる。しかし自らの精神力（魂の愛、形成力）によって、前生のカルマに由来する不健康な身体、さらにはいずれかの身体部分、臓器の欠損があっても、強力な精神力（魂の形成力、有機的統一力）によって、不健全、不完全な身体に一定の秩序を与えて、不完全、不健全を克服して生きることもできる。

(二) 心の健康

(1) 心の健康

心は、既述のように、意識と無意識に分けられる。無意識はさらに、①今生に生まれて以来経験した内容を貯えている個人的無意識と、②前生の行為の果を貯えているノン・フィジカル（non-physical）な魂の次元に属する無意識とがある。

これらの無意識の内容と機能が意識のコントロールの下で規制され、その限りで意識と無意識がバランスを保っている限り、心は健康である。

しかし今生で経験したこと、たとえば失恋、株による財産喪失、中傷による失職、殺されかけた等の経験が、感情あるいは想念の上で強い執着あるいは精神的傷害となり、それが無意識の内に貯えられ、無意識の内で強い勢力をもち、意識の統制を破り、意識野に強い恐怖、怒り、悲しみとして現れる、あるいは絶えざる脅迫的観念がイメージとして現れるようになると、ノイローゼ、心身症、躁鬱病等となり、心の健康が失われる。

しかし、今生での上述のような経験による精神的外傷は、催眠術、精神科医との面接治療等によって改善されうる。傷が浅いからである。

これに対し、前生で上述のような経験をもち、それがアストラルの魂の内にノン・フィジカルな種として貯えられ、再生後その人の体質、性格を歪める原因となっている場合、その原因がノン・フィジカルなものであるだけに、それの改善は困難である。原因のわからない恐怖、怒り、或るものへの嫌悪、或る脅迫観念等が絶えず生じ、意識によるコントロールを妨げ、それらの恐怖、怒り、悲しみ等が常に意識野を占有し、現実の世界に対応できない。夢想の世界に浸るようになる。このようなケースは、前生に遡ってその原因を正しく真実に把握して、その治療法を知っている宗教的覚者に依るより方法がない。ノン・フィジカルな次元の病気はノン・フィジカルな次元で治すより方法がない。

人は、多かれ少なかれ、前生に由来するノン・フィジカルな次元、つまりアストラルの魂の次元で問題を持っている。しかし人間の最も本質的魂の根源は、仏教で言うアラヤ識、ヨーガで言うカラーナ識にあり、それは愛と智慧に満ち、限られた範囲ではあるが、自己をも人をも身体、自然をもその内に包摂し、それぞれを形成し保持する愛と智慧、創造的形成力をもち、社会性と個人性を両立せしめうる魂である。このカラーナの魂が各人の人間存在の根源にあり、それがフィジカルな人間の心の内では普遍的真理を求める理性、社会や個人を成り立たせる愛、智慧、良心として働いている。

人間の本質はカラーナの魂であるが故に、人間は最終的には、いかなる感情、欲望、非現実な想念に陥っていても、それらに陥っている自己を超えて、それを対象として捉え反省し、自己の行くべき道を把握して成長できるものである。このカラーナ識が物理的次元の心の内で働く理性によって、今生の無意識、前生からの無意識に由来する感情、想念、欲望、執着を克服して、理性の下に意識と無意識の間にバランスのとれた主従関係を再構築し、心の健康を得る。

(2) 現代は人間が物になっている

現代の人は、物のメカニズムのみを追い求めて心を忘れた科学の下で、人間を物としての身体面のみで捉える人間観に慣れ、さらに金銭のみを追求する資本主義の下で身心の能力を全て金銭に換算する唯物主義的生活に慣れて、人間を、一度限りの身体をもち、心の働きも脳の働きの延長に過ぎないと見る唯物医学的人間観に立って、物質的豊かさのみを追求する生活に慣れてきた。人間の心を霊的に成長させるはずの既成の宗教は力を失い、人間の心や魂の成長・健康の代わりに、癌や不治の病を治し、身体の健康を霊力によって達成できるという「霊力による身体健康達成協会」となり、多額の金を無責任なやり方で多くの信奉者から徴収して巨大な資本を作る資本家、自称「健康会社」になっている。心のない科学、資本主義の下で、人びとは身体のみの人間観に慣らされ、身体の健康をまず人生の第一、最大の重要事と考えるに至った。このような環境下では、正体の知れない信仰治療に大金を払い他人の臓器を移植してでも我が身体の健康を得たいと思う人が増えても不思議でない。

今こそ、人間の本質は魂にあることに目覚めることが最も大切なことである。

性別を超え、愛と智慧に満ち、自らの身体を形成、保持し、個人の意図、考えが社会に通じ、社会を成り立たせる個人性と社会性の両立する原因身心（カラーナ）

の次元の魂こそが人間の本質である。ここに目覚めるとき、身体の健康も心の健康も達成される。それを忘れて、正体の知れない自称「信仰治療家」に大金を払い、臓器移植に走る前に、人間は自らの魂の偉大さを信じ、目覚めることが大切である。

臓器移植は、現代の先端的医療技術を駆使して、欠陥のある臓器を他人の健康な臓器と交換する治療技術である。免疫による拒絶反応など幾つもの困難を克服して、臓器移植によって何年かの命を永らえている患者も増えている。人間を物質的身体としてみる医学の観点からみれば、成功は喜ばしいことであろう。人間の身体の命を永らえることの成功であるから。

しかし、人間の本質は魂にあり、魂こそが人間の身体の形成者であり保持者であること、アストラルの魂は幾世代もの再生を通じて独自の特徴をもつ魂であり、その魂がカラーナの魂の形成力の下で各個人の身体の各細胞、ＤＮＡ、生体エネルギー系をつくることに加わったとすると、各個人の細胞、ＤＮＡの一つ一つにもその特徴が反映、形成されていると思う。それが身体面では免疫系の拒絶反応として現れるのであり、それが一時克服されたとしても、長続きするのであろうか。また、細胞の一つ一つが持つ各個人の魂の特徴は容易に交換できないのではないかと思われる。もし交換あるいは融和が生じれば、受けた患者の性格、体質はドナーの性格、体質と重合し、異なる第三者的性格、体質か、あるいは二重の性格、体質になるのではなかろうか。臓器移植を受けた患者に聞いてみたいものである。——最近アメリカで臓器移植を受けた患者の集まりがあり、或る患者は、自分が誰なのか解らない、二重人格のようになったという心の悩みを打ち明けているのがテレビで放映された。

もし臓器移植を受けた人がカラーナ識の魂に目覚めていれば、上述のような矛盾、対立は生じないであろうが、現在、カラーナ識に目覚めた人間は僅かしかいない。もし真にカラーナ識に目覚めていれば、臓器移植を受けねばならないような事態には至らない。自らの魂の形成力で身体を健康にしうるであろう。

(三) 魂の健康

(1) アストラルの魂の健康

アストラルの魂は物の原理である自己凝縮、無秩序に強く従う魂で、感情、想念、欲望等の自己中心的働きを主とするものである。したがって、アストラルの魂は個人の感情、想念に執着しやすく、社会性、共感、他を助ける、他と共生する働きに欠け、個人的にも社会的にも、霊の世界で他の霊との間で問題を起こしやすい。

アストラル下界の霊はこの世への執着が強く、執着する物(たとえば金銭、家等の財産、恋人、憎む人間等)に憑依し、そこに種々の不幸、病気等をつくり出す。これらのアストラルの魂は、この世の人にとってもあの世の霊にとっても厄介な存在である。魂自身にとっても、死後の世界に入っていることが自覚できず、心は絶えず生前の人や物、家等に執着し、その何れかから離れられない場合が多い。

最近の例では、或るアメリカ人（男性）が、妻の死後、他の婦人と結婚した。そして、亡くなった妻と住んでいた家に住んだ。その後、新妻が子宮の病気その他で困って、心霊相談にみえた。

亡くなった妻は依然として元の家に住み、愛する夫のアストラルの魂と生前と同じく仲良く暮らしているところへ、見知らぬ婦人が我が家の内で我が家のように振る舞い、夫と親しくするのを見て仰天し、その新妻を憎み、憑依した。その結果、新妻は病気になり、高熱を出して苦しんだ。そのことがはっきり霊視されたので、亡き妻に、亡くなったこと、現在の事情を話すと、よく理解し、夫への執着、新婦への憎しみから自らの心を解き放した。すると、新婦の病気は治った。自らも執着から解放され、今は霊界で霊界の生活を楽しんで幸福に暮らしている。

アストラルの世界の霊は、感情、想念に執われると、自らが死んで霊界にいることもわからず、或る想念、執着そのものになっているケースが多い。自らも困り、人をも苦しめる状態にある。しかしこの世とは違って、いったん、自分がどんな状態にあったかを悟り、それから離れると、この世とは違って、アストラルの世界の自然、物、霊体は容易に霊の状態に応じて変化する。

或る例では、肺癌で死んだ或る父親が、死に際の肺癌の痛みに執われて、死後も、死んだことがわからず、肺癌の痛みをイメージとして強くもち、それに陥っていた。すると、その男性と最も近い関係にあり、いつもその将来を案じていたその男性の息子にいつのまにか憑依し、息子は肺癌でないのに肺癌のような痛みと咳を半年も繰り返していた。この父子の状態を霊的超意識によって認知し、父親の霊に、自分はすでに死んでいること、すなわち、もう霊界にいて、もはや肉体をもっていないこと、霊体には肺はないこと、したがって肺癌は自分の想念でつくり出している妄想にすぎないことを教えて、父親の霊がこれを納得すると、父親の肺癌は消失し、健康となり、息子も肺癌の似症状から解放された。これは、アストラルの霊が自らの執われの状態から抜け出すとそれに応じてその霊体が容易に変化した例である。

アストラルの霊にとって大切なことは、自らの執着、想念から離れて自由になることである。この自由な心、何ものにも執われない自由な心が、その心の思うように自分の霊体を健康にし、狭い範囲であるが、自分の周囲の環境を変え、他の霊とも交わり、霊界での家族生活、コミュニティ社会の一員として自らを確立し、社会生活を営むことができる。

霊界と物理的世界とは、心と物との相互作用関係で非常に違うように思われる。霊界では、魂が或る執われから自由になり、自らを反省し、自らの現実を自覚できるとき、魂は正常に働き、霊体も正常、健康となる。周囲の環境にもその魂の進化の度合いに応じた変化を生ぜしめうる。

これに対し物理的世界では、心で如何ように思うとも、周囲の環境はすぐには変わらない。身体に生じた癌に向かって「癌よ、消えろ！」と思っても、消えない。しかし、アメリカやヨーロッパではヴィジュアリゼイション・セラピー（visualization therapy）というのがあって、毎日、癌が消滅する過程をヴィジュアライズ（visualize 視覚化、イメージ化）して、病気が治るケースも報告されている。

強く思念すると、物理的次元の物も、徐々にではあるが、変化しうることも事実である。

上述のように、アストラル次元の魂は、或る対象、あるいは自らへの執着を離れて自由な心になると、霊体も環境も変わり、霊体も健康となり、環境も改善される。狭い範囲内ではあるが、調和のとれた、他の霊との社会性も成立する。したがって、心の自由こそが、最もアストラル次元の霊界の身心の健康を維持する上で最重要事である。

(2) アストラル次元の魂の社会性と悪

人間は身・心・霊のいずれの存在次元においても個人性と社会性をもつ。身体は非常に健康だが、人を騙し、人を傷つけ、金を盗み、悪いことばかりする人も世の中にはたくさんいる。また、身心ともに不健康であり、且つ、子供を殺し、女性を誘拐して最後には殺すという人もこの頃の世の中では増えたように思う。

どうしてそんなことをするのだろう。

一つには、テレビやビデオで人の生命軽視の番組が多い。自分の気に入らないとすぐピストルや刃物で人を殺して平気な悪人を描いたテレビ番組やビデオが多く、子供、青年はいつのまにかその影響を受けて、無意識の内に、人殺しをあまり悪いこととは思わない素地ができている。一時流行した「たまごっち」の遊びも、一面、ヒヨコや動物を育てるやさしい心を育むように見えるが、ヒヨコが死んだらすぐまた別の卵からヒヨコを育てることができる。簡単に生命を取り替えうる。このゲームは生命軽視をうみ出すゲームでもある。このように、生命軽視、嘘をついたり人の物を取ったりする、さらには人殺しもあまり悪く思わせないような番組やゲームが蔓延している現代では、前生で泥棒をし、人を騙した、あるいは人殺しをしたアストラルの魂が再生しやすい社会条件が整っているように思う。

前生で、嘘をついて平気、詐欺をして人を騙して金品を巻き上げて平気だった魂、人殺しもしたような、諸々の悪の魂、反社会的なことをして平気なアストラルの魂、これらは自己本位のことしか考えず、社会道徳に反する行為をして平気な魂である。このような魂が生まれてきた場合、身体が健康、頑丈そのものであるか、あるいは心身共に不健康であるか、何れであっても、自己本位な仮想の世界に陥って、人のことなど考えない人間として生まれて、自己本位に社会への害悪を行なっても悪と思わない。このような犯罪が、テレビや新聞に毎日のように報道されている。

このようなアストラルの魂の生まれ変わりは、個人の身体、心の健康の問題でなく、人間のもつ、魂のもつ、社会性の壊れた存在、悪人である。このようなアストラルの魂とその生まれ変わりは、人間の身・心・霊の各々がもつべき社会性、良心の欠如したものとして、その存在自体が最も不健康な状態にある。存在上の不健康というべきである。

(3) カラーナの魂の健康

カラーナの魂とその霊体には本来、不健康、病気というものはない。限られた範囲であるが、人や自然をその内に包む一種の場所的存在、すなわち自己を場所として存在する人や自然を、愛と智慧で支え、その形成力によってそれらを形成、維持する場所的存在である。

人間は本来このカラーナの魂を神から与えられ、動物とは違って、自らを反省し、自己を超える力をもつ魂として進化する智慧と力を与えられている。このカラーナの魂は、脳と連繫して働く人間の心の内で普遍の真理を求める理性として働き、この理性によって感情、想念、欲望をコントロールし、意識を無意識の上に置き、両者の間にバランスと調和を生ぜしめる。再生する場合は、自らの身体(肉体)を形成する形成力として働き、身体を一定の期間(六十~百年の間)、一定の秩序の下に有機的統一体として働かしめ、維持せしめるものである。医学的治療はあくまで、このカラーナの魂によって身体に与えられた自然治癒力を補助するものにすぎない。病気、不健康の状態を治すのは医療でなく、自らの内に具わるカラーナの魂から与えられている自然治癒力である。

科学は、自然現象のメカニズムを理性的思考による仮説と、実験装置によって確かめる。しかし科学は、実験装置を用意するところまではできるが、実験装置の中で働く自然の力そのものをつくり出すことはできない。科学は仮説に基づく実験装置というお膳立てをするだけで、仮説通りに現象が起きても、その現象を生ぜしめる力をつくることはできない。医療と自然治癒力との関係は、この自然科学がつくる装置と、その中で実際の自然現象を生ぜしめる力との関係と同じである。

人間は自然を心で動かすことはできない。装置を作っても、現象を生ぜしめる力そのものを作ることはできない。しかしカラーナ次元の魂に目覚めると、カラーナ次元の魂の思念はそのまま自然を作り、動かす力なのである。自然現象を動かす力はこのカラーナの魂の中に在る。カラーナの魂は、限られた範囲であっても、霊界の自然界を大きく動かし、物理的次元の自然をも動かし、形成し、変化せしめうる。

このようなことはカラーナの次元、それ以上の次元に魂の進化した精神にとっては当たり前のことなのである。聖書に書かれたキリストの奇蹟も、多くの聖者の行なった奇蹟も、カラーナあるいはそれ以上の精神＝神に進化した者が持つ自然の形成力の現れの一端にすぎない。宗教の世界は、自然科学の対象とする自然現象の背後にあって、自然現象をつくり出し動かす世界なのである。魂と心を忘れた科学者にとって、自然現象を動かしつくり出す力はやはり手の届かない世界であろう。宗教と科学とは別々のものでなく、両立するもの、科学の根底に宗教の真の世界がある。

ところで、カラーナの魂は常に愛と智慧に満ち、個人性と社会性を両立させ、無病息災、健康そのものの世界であり、それが永遠に続くのであろうか。そうではなく、カラーナの魂も自己の個的存在を維持するためにカラーナ体を必要とする。我々の物理的次元の存在とその働き、存在性、形成力、智慧、愛において無限の差があるとはいえ、カラーナの魂もカラーナ体をもって個的存在性をもつ故に、愛に陥ることもある。千年〜二千年の周期でその霊体に衰えが生じることもある。そのようなとき、不健康、弱さが生じうる。しかし、いったんカラーナの魂に目覚めた賢者がアストラル、物理的次元に必然的に陥ることはない。再び、健康で活力に満ちた魂に還りうる。

しかし、人間は本来、人間として生まれるとき、すでにカラーナの魂を与えられている。これが動物とは違うところである。個の魂を確立して生まれてきている。しかし、与えられているということ、本来カラーナの魂をもっているということと、それに目覚めているということとは別のことである。

もし人間がカラーナの次元に目覚めれば、その人はこの世にありながら、またアストラルの世界にありながら、同時にそれらを超越してカラーナの世界でカラーナの魂として存在し、物理的次元及びアストラル次元の自らをも人や自然をもカラーナの魂としての自らの内に包摂し、それらを生かす一つの場所的存在として存在する。

このカラーナの世界に目覚めた人間が多くいれば、今の世界のように物の世界に陥ち、自らをも物、金銭として換算する物質主義文明を超えた、物と精神が両立し、科学と宗教が相互に助け合い、個人性と社会性が両立し、男女が真に平等であり、各民族の民族性と地球人性とが両立する地球社会が実現するであろう。

しかし今の人類は、人間を物としてみる唯物文明に汚染し、魂に目覚めた地球人類社会の実現には程遠いように思われる。

地球人が自らの本源であるカラーナの魂に目覚めることが、これからの人類にとって必須のことである。カラーナの魂の実現によって、人類は真の身・心・魂の健康を手にすることができる。カラーナを超えた悟りの世界は次の話しである。まず、人間に本来具わっている智慧、愛、創造力（形成力）に満ちたカラーナの魂の実現が、現代の人間にとってこれから百～五百年の急務であろう。

(4) カラーナの魂も悪魔になりうる

人間がカラーナの世界に目覚め、神の意志、御経綸に従う限り、愛と智慧と創造力とによって、自己を場所としてその内に存在する人や自然を形成し、育み、保持し、その場所の内に社会性と調和を築く。また、他のカラーナの魂との間に、神の御経綸に従った調和と共生を達成せしめる。

このように大きな愛と智慧と創造力をもったカラーナの魂も、自己の存在を保持するためにカラーナ体をもつ。これは、カラーナの魂も未だに、真に物の原理、自己保持、自己凝縮の力から解脱していないことを意味する。したがって、カラーナの魂も利己的存在になりうる可能性をもつ。

このカラーナの魂が利己性に負けたとき、物の原理に負けたとき、これは悪魔である。世の中にはアストラルの魂の生まれ変わりで生じる悪人はたくさんいる。しかし、自国の民族の利益のためにのみ民族全体を戦争に駆り立て、他民族をも自国の民族をも戦争によって殺傷する場合、そして何の罪の意識もない場合、この民族指導者は一種の悪魔というべきであろう。あるいは悪魔の手先になったというべきであろう。しかし人類の歴史をみるとき、帝王、大王と称する指導者が、民族の利益と自己の権力保持のために悪魔的働きをしたことが数多くみられることは残念なことである。

彼らは心身ともに健康であり、知能に優れても、小さな一民族の利益、自己の権力の保持、あるいは世界制覇の欲望に負けて、人類全体の平和、自然との共生、地球社会の実現等は夢にも考えたことがないのであろう。それは、人類がカラーナの魂に目覚め、神の御経綸を感得して、平和な地球社会の達成、自然との共生ということを自覚しうるまでに進化していなかった故であろう。地球規模の社会性に目覚めるほどに進化していなかったせいであろう。

三　むすび

――地球社会実現のためのカラーナの魂――

現在の人類は、地球社会実現に向かって否応なしに突き進んでいる。今こそカラーナの魂に目覚め、神の御経綸を直観し、地球規模の社会性、自然との共生を樹立すべき時代であると思う。

（二〇〇〇年四月三日　マウイにて）

〔註〕

（1）ＡＭＩ

著者の発明した本山式経絡—臓器機能測定装置（Apparatus for Measuring the Meridians and their Corresponding Internal Organs）の略称。

ＡＭＩは、被験者の両手足の指尖にある各十四経絡の井穴《せいけつ》に電極を付けて弱い電圧をかけ、

(1)　生体の恒常性保持機能の一つである分極が、表皮基底膜の上下で生じる前に流れる電流値（ＢＰ＝生体の経絡機能状況をあらわすパラメーター）

(2)　分極が生じた後に流れる電流の値（ＡＰ＝生体の自律神経機能状況をあらわすパラメーター）

(3)　分極を成り立たせるために集まった電気的エネルギーの総量（ＩＱ＝生体の代謝系機能状況をあらわすパラメーター）

(4)　分極が完了するまでの時間（ＴＣ）

の四つの電気的ファクターを測定し、これらを測定器に繋いだコンピュータで解析することにより、これら四つのファクターについて、

(5)　Ｌ％、Ｒ％（左右の十四経絡の井穴、すなわち二十八井穴のＢＰ、ＡＰ、ＩＱ、ＴＣの

各々の平均値で、各井穴での値を割ったもの。左側の値がL％、右側がR％）
(6) D％（十四経絡の各々の左右測定値の差Diを、十四経絡の左右差の平均値〔Dで割ったもの）
(7) AVE（二十八井穴での平均値）
(8) SD（二十八井穴でのBP等の各々についての標準偏差）
(9) F／T（手の十四井穴の平均値と足の十四井穴の平均値との比）
(10) L／R（左側十四井穴の平均値と右側十四井穴の平均値との比）
などが、ノーマルか、異常かの判定を付けて、打ち出されてくる。また、これらのデータに基づいて、
(11) 経絡機能および身体の健康、疾病の状態
(12) (11)に基づいて導かれる鍼灸治療のための治療点
(13) 経絡機能状況に反映される、アストラル体のエネルギー系センター（チャクラ）の機能状況
(14) (11)と(13)との関連から推測される体質―性格
等を診断し、プリントすることができる。

(2) チャクラが動いている

霊的次元で目覚めているかどうか。

（3）最虚、最実

最虚とは、ＡＭＩによって測定されたＢＰ値が十四経絡中最低値である経絡を、最虚の経絡という。これは、経絡機能、気エネルギーがその個人の十四経絡中、最低であることを意味する。

最実とは、十四経絡中、ＢＰ値が最高の経絡をいう。これは、経絡機能、気エネルギーがその個人の十四経絡中最高のものであることを意味する。

（4）アジナチャクラに関係する経絡

著者のチャクラ—経絡—臓器の関係についての、電気生理学的、生物物理学的実験に基づいた研究によればチャクラ—経絡—臓器の関係は以下の表にまとめられる。

チャクラ	臓器	経絡
ムーラダーラ、スワディスタナ	泌尿生殖器系	腎、膀胱、小腸、肝
マニプラ	消化器系	肝、胆、胃、脾、大腸、小腸
アナハタ	循環器系	心、心包、小腸
ヴィシュダ	呼吸器系	肺、心包
アジナ、サハスララ	脳神経系	膀胱、小腸、督脈、任脈

本山博著『東洋医学気の流れの測定・診断と治療』『Psiと気の関係』『密教ヨーガ』『神秘体験の種々相Ⅱ』（宗教心理出版）等を参照してください。

著者略歴

1925　香川県小豆島に生まる
1951　東京文理科大学（現筑波大学）哲学科卒業
1956　同大学院博士課程修了
1957　科学基礎論学会（京都）講演（「超感覚的なものと科学」）
1958　東京文理科大学記念賞受賞（「東西神秘思想の研究」により）
1960　宗教心理学研究所所長～現在に至る
1962　文学博士（哲学・生理心理学）
　　　アメリカ、デューク大学にて、超常的能力の電気生理学的研究に関し研究と講義
1963　著書『宗教経験の世界』ユネスコ哲学部門優良図書に推薦される
1964　デューク大学にて、超常能力の電気生理学的研究に関し再び研究と講義
1967～70　インド、アンドラ大学大学院客員教授（超心理学、生理心理学）
1972　国際宗教・超心理学会（IARP）会長～現在に至る
1977　イタリア学士院アカデミア・チベリナ正会員
　　　スペイン、第2回世界超心理学会副会長
1980　アメリカ『ジャーナル・オブ・ホリスティックメディスン』誌編集委員
1983　インド、ヒンズー大学医学部ヨーガ研究センター海外委員
1988　ブラジル、国際オールタナティブセラピー学会にて特別講演
1989　アメリカ、フェッツアー財団にて特別講演
1990　フランス、第1回人体エネルギー国際大会にて特別講演
1991　南カリフォルニア大学院大学（SCI）日本校設立・学長
1992　フランス、第2回人体エネルギー国際大会にて特別講演
　　　カリフォルニア・ヒューマンサイエンス大学院（CIHS）設立・学長
1993　ブラジル、アドバンスド・メディカル・アソシエイション理事
1994　本山人間科学大学院・日本センター（MIHS）を設立・学長
1995　カナダ、第3回鍼灸医学と自然医学国際大会にて基調講演
1996　J.B.ライン博士生誕百年記念賞受賞
1997　コスタリカ国連平和大学にて講演
1997　米国UCLAメディカルセンターで行われた「仮想現実と超生物学」シンポジウムで特別講演
2000　コスタリカ政府関係者の招聘による講演会とコスタリカ国立大学でのAMIワークショップ（サン - ホセ）

良心が健康をつくる

2001年6月15日　印刷
2001年6月23日　発行

著　者　本山　博

編集者
発行者　本山カヲル

発行所　宗教心理出版
〒181-0001
三鷹市井の頭4-11-7
TEL 0422-48-3535 FAX 0422-48-3548
URL.http://www.shukyoshinri.com

印刷所　㈱平河工業社

ISBN 4-87960-058-X